CHI Zijian

BONSOIR, LA ROSE

Roman traduit du chinois
par Yvonne André

Éditions
Philippe Picquier

Ouvrage publié sous la direction de
Chen Feng

Du même auteur

Toutes les nuits du monde

Titre original : *Wan an mei gui*

Mas de Vert
B.P. 20150
13631 Arles cedex
www.editions-picquier.fr

Conception graphique : Picquier & Protière

Mise en page : Christiane Canezza - Marseille

ISBN : 978-2-8097-1095-3

1

Léna Ji fut ma troisième logeuse à Harbin. Elle avait plus de quatre-vingts ans lorsque j'ai fait sa connaissance.

Sa maison se trouve dans le quartier Daoli, tout près de la grand-rue. C'est un petit immeuble de briques et de bois de couleur crème, dans le style des maisons russes traditionnelles. Elle doit dater d'il y a soixante-dix ou quatre-vingts ans. Avec son toit pentu plein de charme, sa terrasse ouverte, ses hautes fenêtres étroites et ses petites marches, elle tranche sur la forêt de béton gris environnante. Elle fait penser à un faon naïf et gauche, vif et espiègle, venu s'abreuver au fleuve en cachette. Un café occupe le rez-de-chaussée et, au-dessus, chacun des deux étages est divisé en trois appartements. Celui de Léna Ji, au deuxième, est orienté au sud-ouest. Le salon et les deux chambres sont vastes, alors que la cuisine, la salle d'eau et la terrasse sont exiguës mais bien agencées, et grâce à la haute charpente on ne s'y sent pas à l'étroit. C'est un appartement lumineux, rempli de plantes fleuries et de légumes magnifiques. Le visage de Léna, en revanche, est aussi desséché que la plaine du Nord en hiver. Il exprime une solitude indicible.

Grande et mince, elle se tient droite et, de dos, on la prendrait facilement pour une jeune fille, du moins quand elle reste immobile. Dès qu'elle se met en mouvement, la démarche lourde et le pas mal assuré révèlent son âge.

C'est Huang Weina, ma collègue rédactrice en chef à l'agence de presse, qui m'a présentée à Léna. Elle l'avait connue grâce à un reportage sur les conditions d'existence des descendants d'immigrés juifs. Léna vivait seule, elle ne s'était jamais mariée. Ses parents étaient morts depuis longtemps, elle n'avait pas de famille. Malgré son âge, elle se débrouillait toute seule, sans aide ménagère. Mesurant sa solitude dans ce grand appartement, Huang Weina lui suggéra : « Pourquoi ne pas en louer une pièce afin d'avoir quelqu'un à qui parler ? » Léna lui répliqua qu'elle ne se sentait pas seule en compagnie de l'Eternel. C'est à ce moment-là que je téléphonai à Huang Weina pour lui dire que je venais de partir de chez ma deuxième logeuse et que mes bagages étaient entassés dans la loge du concierge de l'agence. J'étais à la rue, je la suppliai de m'aider à trouver un toit au plus vite. Huang Weina savait que je m'étais brouillée avec mon premier logeur, un vieux retraité maigre comme un clou et animé de mauvaises intentions à mon égard. Un soir où sa femme s'était absentée pour aller jouer au mah-jong, il avait fait irruption dans ma chambre, fesses nues, une liasse de billets crasseux à la main. Il m'avait enlacée, déclarant que si j'accédais à ses désirs, il diminuerait mon loyer de moitié et me donnerait de l'argent de poche. Je lui avais résisté, jetant par terre l'argent qu'il tenait à la main, et je l'avais griffé au visage. On voyait qu'il avait dû amasser un à un les billets de deux et cinq yuans. Il m'avait suppliée de le prendre en pitié, disant qu'à son âge, malgré sa maigreur, il n'avait rien perdu de sa vigueur au lit. Seulement, depuis son retour d'âge, sa femme ne lui permettait plus de la toucher. Comme il redoutait les risques d'une rencontre avec une fille des rues, il était obligé de ronger son frein et menait une vie terne. A voir ses larmes mêlées au sang qui suintait de la griffure, on se serait cru à l'abattoir ! C'était écœurant. Je m'étais débattue pour lui échapper et j'avais dévalé l'escalier. Accroupie à côté des poubelles, j'avais vomi, puis, toute tremblante, j'avais téléphoné à Weina et déménagé la nuit même. Weina voulait que je porte plainte mais j'avais refusé. Pas par compassion pour le vieil homme, mais j'étais une jeune fille d'une beauté bien ordinaire qui ne cherchait pas à se faire remarquer, et s'il y avait une enquête de police, que l'affaire s'ébruitait et que l'agression était grossie jusqu'à parler de viol, je passerais pour une moins-que-rien et on daignerait encore moins faire attention à moi.

Weina court les interviews, elle a de l'entregent, elle connaît des agents immobiliers et elle m'a aidée à trouver très vite ma deuxième logeuse, une sourde-muette de vingt-huit ans, capable de dire son nom – Liu Qin. Les parents et le jeune frère de Liu Qin, sourds-muets eux aussi, étaient spécialistes de médecine chinoise. Ils avaient ouvert sur la rive du Songari un cabinet d'acupuncture et de moxibustion qui faisait de bonnes affaires. Avec l'argent gagné, ils avaient acheté dans la rue Xinyang un bel appartement où toute la famille menait une vie agréable dans son monde silencieux. Dès l'enfance, Liu Qin avait manifesté de la répulsion pour les aiguilles d'acupuncture. Elle était incapable de supporter la vue d'un patient dont le corps était hérissé d'aiguilles. Quand elle eut vingt ans, on lui chercha une autre occupation. Elle travaillait à la plonge de la cantine de l'école primaire voisine de la place Nangang. De la rue Xinyang jusqu'à cette place, il fallait traverser deux arrondissements de Harbin. Liu Qin trouvait que c'était trop compliqué pour aller au travail et en revenir, aussi voulut-elle louer un appartement dans le voisinage de l'école. Ses parents, songeant que, tôt ou tard, elle fonderait une famille, se dirent qu'il valait mieux acheter un appartement que le louer. En effet, l'argent gagné déposé à la banque se dévaluait d'année en année, tandis que n'importe quel logement était recherché et ne cessait de prendre de la valeur. Ils acquirent donc pour leur fille un appartement de deux pièces près du pont Anfa, dans le quartier de Nangang. Il ne lui fallait qu'un quart d'heure à pied pour aller travailler. Quand elle avait emménagé, sa mère inquiète venait constamment lui tenir compagnie, mais quand son frère fut marié et eut un enfant, la mère qui ne pouvait plus se libérer songea à trouver une bonne locataire pour sa fille. Quand Weina alla les interviewer dans leur cabinet privé, elle fit la connaissance de la famille de Liu Qin et apprit leur désir de trouver une locataire, si bien que le lendemain du jour où je fus obligée de m'enfuir de chez mon premier logeur, elle m'avait trouvé un logis. Je ne payais chaque mois à Liu Qin que six cents yuans, charges comprises, tandis que, chez mon premier logeur, je payais sept cents yuans sans pouvoir me servir du gaz, et je devais acquitter en plus ma part d'eau et d'électricité.

Quand Weina reçut mon coup de téléphone, elle venait de finir son interview de Léna Ji et elles passaient un moment au café du rez-de-chaussée. Quand je lui appris que je déménageais de chez Liu Qin, elle trouva le moyen de plaisanter : « Elle ne t'a quand même pas fait des avances comme ton précédent logeur ? C'est que maintenant, les amours entre personnes du même sexe sont furieusement dans le vent ! » Abandonnant le ton de la plaisanterie, elle reprit : « Tu t'entendais pourtant bien avec Liu Qin. Pourquoi est-ce que, tout d'un coup, ça ne va plus ? Il faut que tu te rendes compte qu'il est impossible de trouver à Harbin une aussi bonne logeuse qu'elle. » La gorge serrée, je lui dis : « Elle va se marier. Je ne peux plus loger chez elle… » Comprenant la situation, Weina déclara : « En effet. Il faut que tu t'en ailles. » Et pour me réconforter, elle ajouta : « Il y a sûrement une bonne logeuse qui t'attend au prochain carrefour de ta vie. Ne t'affole pas. J'arrive tout de suite. Tu vas venir passer quelques jours chez moi. »

Weina raccrocha et dit à Léna : « Quelle coïncidence ! Je vous conseillais à l'instant de prendre une locataire et, justement, l'amie qui me téléphonait se trouve sans toit. » Léna fronça les sourcils, resta silencieuse un moment, puis elle entreprit de se renseigner sur moi. D'où étais-je originaire ? J'avais quel âge ? Avais-je un petit ami ? Est-ce que je mangeais du porc ? Est-ce que je lavais tout le temps mes corsages ? Est-ce que je ronflais en dormant ? Etais-je allergique au pollen ? Est-ce que j'aimais écouter du piano ? Etais-je introvertie ou extravertie ? Avais-je déjà perdu mes clés ? Quand Weina eut répondu à toutes ces questions, Léna lui dit après un moment de réflexion : « Pouvez-vous lui demander de venir jusqu'ici, que je la voie ? » Weina me rappela aussitôt, me disant qu'elle avait peut-être une solution pour mon logement et me demandant de venir au plus vite. Puis, s'étant éclipsée pour aller aux toilettes, elle m'envoya un SMS : *Quand tu la verras, montre-toi aimable ! Si tu peux habiter chez elle, c'est comme si tu vivais dans le Harbin d'il y a un siècle. Je pense qu'elle ne te demandera qu'un loyer symbolique. Quelle chance tu as, vraiment !*

Nous étions en plein automne, et quand j'arrivai au café, à l'instant où j'ouvris la porte, une violente bourrasque fit tomber les quelques feuilles mortes restées accrochées à l'orme de la rue. Deux feuilles m'atterrirent sur la tête et Weina remarqua qu'elles me donnaient des couleurs, comme deux barrettes dorées fixées dans mes cheveux.

Au début de l'entretien, je me sentais mal à l'aise. Léna avait la peau blanche. Elle portait une robe de lainage vert olive et une grande écharpe de soie noire à motifs argentés. Le regard de ses yeux gris-bleu était à la fois lumineux et mélancolique. Elle était vêtue de façon recherchée, alors que j'avais une mise banale, des traces de larmes sur les joues et les cheveux en bataille. Je portais un pull à dessins rouges sur un pantalon couleur café. Comme j'avais déménagé en toute hâte de chez Liu Qin, j'avais aux pieds des baskets grenat. D'après Weina, j'avais l'air d'un flamant rose aux couleurs éclatantes.

Je serrai timidement la main que me tendait Léna Ji : « Je m'appelle Zhao Xiao'e », dis-je d'une voix tremblante. A cet instant, je pensai à ma mère qui m'avait donné ce nom, je revis la scène de ses obsèques, et mes larmes jaillirent.

Voyant que je perdais mon sang-froid, Weina fit diversion : « Vous voyez, nous avons toutes les deux le caractère “na” dans notre prénom, mais pas elle, et elle en pleure de dépit. »

Sans se départir de son calme, Léna me demanda : « Est-ce le "e" de Chang'e, la déesse de la lune, qui figure dans votre prénom ? »

J'acquiesçai tout en m'essuyant les yeux.

Léna, baissant la tête, murmura : « Nous avons toutes les trois le caractère "femme" dans notre prénom, c'est le Ciel qui a voulu notre rencontre. » Puis, se tournant vers moi : « Xiao'e, une jeune fille qui se respecte ne pleure pas en public. Si cela vous convient, vous pouvez emménager dans trois jours. Je ne vous demanderai pas de loyer, juste deux cents yuans par mois pour les frais d'eau, de gaz et d'électricité. Je n'ose pas vous garantir que ça durera, mais nous pouvons toujours essayer. » Sur ce, elle se rassit pour déguster son café.

Nous nous regardâmes, Weina et moi, incrédules devant cette chance tombée du ciel. Nous sortîmes après avoir remercié Léna. A peine avions-nous tourné au coin de la rue que Weina, incapable de contenir son excitation, me serra dans ses bras en s'écriant : « J'ai toujours rêvé d'habiter une maison comme la sienne ! Quelle chance tu as ! Chaque fois que tu quittes un logement, c'est pour un autre encore meilleur. Mais je t'avertis, elle n'aime pas les jeunes filles qui ont un petit ami, aussi, quand elle m'a questionnée sur toi, lui ai-je dit la vérité sur tout, sauf sur ce sujet-là ! N'oublie pas, surtout n'amène jamais ton petit ami chez elle. Il ne manque pas d'endroits où vous pouvez vous rencontrer : jardins publics, restaurants, maisons de thé, cinémas, ainsi que le logement de ton ami. Si vous avez besoin de plus d'intimité, vous pouvez toujours louer une chambre à l'heure dans un hôtel, ça ne coûte pas bien cher !

— C'est inutile, je n'ai plus de petit ami.

— Quoi ? Il t'a laissée tomber ? » Et Weina tapa du pied. « Lui qui n'est pas plus grand que Wu Dalang [1], qui pousse des grognements de cochon en mangeant, ce petit fonctionnaire qui ne possède ni appartement ni voiture, comment ose-t-il faire le difficile ? »

---

1. Personnage décrit comme un gringalet dans *Au bord de l'eau,* roman de cape et d'épée du XIVe siècle.

2

Le soir de mon installation chez Léna, j'étais en train d'admirer ses plantes dans le salon lorsqu'elle s'approcha de moi en brandissant une paire de ciseaux. « Une jeune fille ne devrait pas se faire friser, me déclara-t-elle. Une coiffure bouclée comme la toison d'un mouton n'est pas facile à entretenir, c'est un vrai nid d'oiseau, ça ne fait pas net. Je vous propose de les couper. » Même si elle ne m'en avait pas parlé, j'avais l'intention de supprimer ces mauvaises herbes. En effet, si je m'étais fait friser, c'est que Song Xiangkui m'y avait poussée. Il disait que j'avais le front étroit et le visage trop menu, que les cheveux raides accentuaient cette maigreur. Des cheveux crépus à la façon des réfugiées africaines pouvaient remédier à ce défaut, c'était plus féminin. On dit qu'une femme cherche à plaire à celui qui l'aime. Il m'avait emmenée dans un salon de coiffure, et après deux heures de supplice, j'étais transformée en caniche. Weina avait horreur de mes cheveux permanentés, elle les avait critiqués à plusieurs reprises, et une fois, de façon cocasse, elle m'avait même traitée de réincarnation de Beethoven. Je n'avais jamais aimé ces frisettes, et maintenant que

Song Xiangkui m'avait quittée, les couper, c'était rompre avec ma vie passée, pourquoi ne pas le faire ?

Léna me fit asseoir sur une chaise, me passa une serviette gris argent autour du cou et se mit à l'ouvrage. Les ciseaux crissèrent, s'activèrent en tous sens. Ils étaient bien aiguisés et Léna savait s'y prendre. En l'espace de dix minutes, la coupe était terminée. Léna m'examina, hocha la tête, puis elle m'entraîna vers la glace de la salle d'eau. Sur le moment, j'eus l'impression d'avoir disparu. Etait-ce bien moi ? Cette coiffure courte comme celle d'un garçon dissimulait mes défauts, avec ses pointes souples qui ondulaient comme des vagues et sa frange irrégulière sur les tempes. Les yeux paraissaient plus grands, le nez moins enfoncé, on eût dit que j'avais dix ans de moins, avec un indescriptible air mutin.

« Comment se fait-il que je ne sois pas si laide ? demandai-je.

— C'est que les cheveux d'une femme sont un vrai sac à malice. Bien arrangés, ils vous rendent jolie. »

Très émue, je m'écriai : « Merci grand-mère ! »

Léna se rembrunit. Tout en frottant ses ciseaux avec une serviette humide, elle me dit : « Appelez-moi simplement Léna. » Par la suite, je me rendis compte qu'une femme qui n'a jamais été mariée conserve un éternel cœur de fillette. Même si elle est de cette génération-là, on ne peut pas lui donner du « grand-mère ».

Léna avait les doigts verts. Jamais je n'ai vu quelqu'un d'aussi doué pour cultiver les fleurs. Elle associait à merveille le plaisir des yeux et l'utilité. Dans la longue auge de bois sous la fenêtre de la terrasse fleurissaient des soucis, mais en réalité elle y cultivait en même temps de la pimprenelle. Sur l'appui de la fenêtre du salon étaient alignés trois grands pots de terre. Au premier coup d'œil, on voyait des hortensias rouge vif, des michelias jaunes et des pensées multicolores, mais un examen plus attentif vous faisait découvrir de fines ciboulettes au pied des hortensias, de la menthe cachée parmi les michelias, et des piments du ciel qui rivalisaient de couleur avec les pensées. Sur les étagères à livres s'alignaient les orchidées et la ciboule alliacée. Dans sa chambre, sous les arums rampaient des pélargoniums d'un vert brillant. Les deux repas quotidiens de Léna sortaient de l'ordinaire. Son dîner se composait de lait, de tripes de mouton grillées, d'œufs au plat et d'une salade de crudités, tandis que pour le déjeuner du matin elle mangeait une soupe de bœuf ou de poisson avec des tranches de pain. Elle aimait assaisonner ses salades et ses soupes avec les aromates qu'elle cultivait. L'après-midi, elle avait l'habitude de descendre prendre un café au rez-de-chaussée, puis elle allait acheter deux petits pains ronds à l'hôtel Moderne dans la grand-rue car elle n'aimait pas le pain rassis. Une fois par semaine, elle se rendait au marché de la rue Toulong faire ses achats pour la semaine. De confession juive, elle ne mangeait pas de porc. Pour respecter ses habitudes, je n'ai jamais rapporté de viande de porc chez elle, malgré ma prédilection pour les côtelettes à la sauce aigre-douce. En revanche, nous avions les mêmes goûts pour les fruits, les pommes et l'ananas. J'en achetais toujours un peu plus pour lui en rapporter.

J'étais correctrice d'épreuves à l'agence de presse. Si l'on compare un journal à un champ cultivé, j'arrachais les mauvaises herbes. Les jours de congé, je faisais la grasse matinée. Les bonnes odeurs me réveillaient, je les sentais qui s'échappaient de la cuisine. Quand elle m'entendait me lever, Léna me proposait de partager son repas. Je lui racontais que j'avais rendez-vous avec des amis et, après une toilette rapide, j'allais prendre dehors un bol de nouilles à la sauce de soja ou un bol de *huntun*[1]. Tout en mangeant, je songeais à la soupe épaisse qui remplissait la grande assiette dorée à fleurs bleues sur la table de Léna, à la cuillère d'argent étincelante qui remuait cette soupe. Léna avait vraiment un mode de vie raffiné.

Après avoir modifié ma coiffure, Léna m'apprit à m'habiller. Elle me dit qu'il n'était pas nécessaire de porter des couleurs bariolées pour paraître jolie. Les vêtements associant des couleurs unies et des couleurs froides avaient au contraire pour effet d'exalter la jeunesse. Pour me prouver qu'elle ne parlait pas à la légère, elle transforma pour moi un châle de lainage gris pâle qu'elle avait porté des années en une cape d'une sobre élégance. Quand je me mis à la porter, mes collègues de l'agence me demandèrent de quelle marque étrangère elle était. Léna me fit sortir tous mes vêtements et m'apprit quelle veste il fallait porter avec quel pantalon, quel corsage allait avec quelle jupe. Je n'avais qu'une modeste garde-robe, mais grâce à ses conseils j'étais bien plus élégante.

Léna possédait un coffret de rotin décoré d'une étoile à six branches qui contenait la Bible en hébreu. Elle priait matin, midi et soir, récitant la Bible à voix basse. Pour moi qui ne comprenais pas l'hébreu, c'était comme si chaque jour j'entendais une parole

1. Petits raviolis à pâte fine servis dans du bouillon.

pleine de mystère. En outre, dans la soirée, elle avait l'habitude de s'installer au piano, près de la cheminée du salon, pour jouer quelques morceaux. La petite table carrée sur laquelle elle mangeait, proche du piano, semblait une volée de notes qui se seraient échappées de l'instrument. Je me demandais toujours comment quelqu'un comme elle, qui avait une vie intérieure si riche, pouvait ne pas avoir connu l'amour. Quand je regardais les photos sur la cheminée, à part les membres de sa famille, il n'y avait que des photos d'elle à différents âges. Depuis son enfance, elle avait toujours été belle.

Elle aimait le calme, parlait peu et dormait mal. Le soir, je fermais ma porte avec soin pour que mes ronflements ne la dérangent pas dans le silence de la nuit. Au salon était accrochée une pendule allemande arrêtée. Je me figurais qu'elle était détraquée. Je posai un jour la question à Léna et elle me dit en secouant la tête que la pendule fonctionnait très bien, mais qu'en vieillissant, elle ne supportait plus son tic-tac, si bien qu'elle avait cessé de la remonter. Me regardant en face, elle ajouta, très sérieuse : « Je n'ose pas la remettre en marche, cela fait des années qu'elle est arrêtée, avec tout ce temps qu'elle a retenu dans son ventre, si elle a l'idée de rattraper le temps perdu, elle risque de me rendre sourde. » Je crus que c'était de l'humour, mais à en juger par son expression calme et sérieuse, elle ne plaisantait pas. Il y avait des moments où l'on aurait dit qu'elle vivait dans un monde de contes pour enfants.

Très vite, nous entrâmes en conflit. Un jour où j'avais lavé ma chemise et mon slip, comme il faisait beau, je les mis à sécher sur la terrasse. Quand Léna s'en aperçut, elle m'ordonna de les rentrer en disant que c'était déplacé. La terrasse était destinée à recevoir des fleurs, on ne pouvait y étendre que des nappes, des draps et des vêtements de dessus. Je la contredis en déclarant qu'un gynécologue avait préconisé de faire sécher les dessous féminins au soleil pour tuer les microbes et rester en bonne santé. Me montrant la porte, Léna me prescrivit : « Eh bien, va les faire sécher sur la terrasse d'une autre maison ! »

A la suite de cet ordre d'expulsion, je fus bien obligée de ramasser mes sous-vêtements trempés et de les mettre dans un sac imperméable que je fourrai dans ma valise. Je fis mes bagages en pleurant sur mon propre malheur. Dans cette ville, sans famille ni amoureux, sans argent, sans une chambre où m'abriter, j'étais comme un chat errant ! Si ma logeuse me chassait, je ne savais sous l'auvent de quelle maison je pourrais m'abriter demain. Voyant que je m'apprêtais à partir, Léna soupira, sortit son mouchoir pour m'aider à sécher mes larmes, prit dans ma valise le sac qui contenait mes dessous et les remit à sécher sur la terrasse. Puis, sans me demander mon avis, elle me fit descendre l'escalier. J'entendais ses genoux grincer, comme si une hache cachée lui fendait les os. Une fois en bas, elle m'entraîna de l'autre côté de la rue pour me faire regarder sa terrasse. Oh ! Mon slip et ma chemise accrochés là-bas avaient un air racoleur du plus mauvais effet. Je reconnus aussitôt mon erreur, expliquant que j'étais née dans un petit village de montagne et que, quand j'étais petite, les jours de lessive, on étendait toujours les sous-vêtements, les vestes et les pantalons ensemble sur une corde dans la cour. Léna me caressa la tête en expliquant : « En ville, on est maître chez soi, mais la terrasse ne vous appartient pas totalement, il faut penser au regard des passants. »

C'est en début d'hiver que Harbin est particulièrement pénible. Dès que les chauffages sont allumés, toutes les cheminées de la ville, grandes et petites, se mettent à cracher de la fumée de charbon avec entrain. Pour peu que l'on soit en période de basses pressions, les fumées stagnent, coiffant la ville d'un pesant bonnet gris acier qui met mal à l'aise. Ces jours-là, Léna souffrait de bronchite et toussait du matin au soir. Quand elle était prise d'une quinte de toux, si elle était au salon où elle venait de soigner ses fleurs, je lui tapotais le dos pour la soulager et lui tendais un verre d'eau. Les épaules agitées de tremblements, elle devenait livide. Je redoutais qu'elle ne s'étouffe faute de pouvoir reprendre son souffle. Elle parlait peu, mais quand elle se mettait à tousser, entre deux quintes, elle soupirait d'une voix tremblante : « Autrefois, il ne faisait pas un temps pareil à Harbin ! » Je lui demandais quel temps il faisait à l'époque et, selon le jour elle me donnait diverses réponses : « Pas de fumée noire ! » « Par temps couvert, le ciel restait transparent. » « Dans l'année, rares étaient les jours sans ciel bleu. » « On voyait voler toutes sortes d'oiseaux, mais maintenant, même les corbeaux ne viennent plus. » Bref, elle ne parlait que par courtes phrases.

Mon deuxième affrontement avec Léna fut provoqué par sa toux. Un jour où elle binait la terre de ses pots de fleurs, elle fut prise d'une soudaine quinte. Je lui conseillai d'arracher toutes ses plantes aromatiques, car j'avais entendu dire qu'elles stimulaient les centres nerveux, déclenchaient de l'asthme et affectaient la respiration. Léna me rétorqua : « Aux yeux de l'Eternel, une maison sans herbes aromatiques n'est pas propre. » Je me mis à rire : « Mais Dieu n'existe pas ! A supposer qu'il existe, il ne prête attention qu'aux grands et méprise les petits. » J'ajoutai que les fonctionnaires avides et corrompus vivaient à l'aise, sans souci du lendemain, tandis que les honnêtes gens sans pouvoir ni fortune avaient du mal à joindre les deux bouts et subissaient maintes humiliations. Moi par exemple, j'avais vingt-cinq ans, je travaillais depuis trois ans sans avoir de logement à moi, sans quelqu'un qui m'aime, sans pouvoir m'acheter de beaux vêtements, et j'ignorais la saveur des mets des grands restaurants. Je n'avais pas les moyens de voyager, je n'étais jamais sortie de ma province. Mais une de mes camarades d'université dont le père était fonctionnaire, à peine diplômée, avait bénéficié d'un bon travail, et quand elle s'était mariée, elle possédait déjà logement et voiture. Pour les vêtements, elle ne fréquentait que les boutiques de luxe comme Nouveau Monde, Abondance, Songlei et Yuanda. Tandis que moi, je me contentais des articles à bas prix de la Cité du vêtement de la rue Hexing ou des étals du marché de nuit de Daowai. Quand les autres lisaient le journal, ils s'intéressaient aux rencontres des stars de cinéma, aux récitals des vedettes de la chanson, aux nouveaux produits de beauté et aux meubles à la mode. Mais moi, ce qui retenait mon attention, c'étaient les annonces de soldes à prix réduits. Une fille comme moi, d'origine modeste et pas spécialement belle, se trouvait à notre époque dans la même situation que les Juifs lors de la Seconde Guerre mondiale. J'appartenais à une catégorie insidieusement repoussée et anéantie par d'invisibles forces mauvaises. Voilà pourquoi je ne croyais pas à un Dieu régissant le monde, je ne croyais pas aux esprits.

Quelle idiote j'étais ! Quand je m'excitais, je disais ce qu'il n'aurait pas fallu dire. Même si j'étais en désaccord, je n'aurais pas dû me laisser aller devant cette vieille dame qui avait traversé bien des épreuves. Je me confondis en excuses, déclarant que je méritais l'Enfer. Léna lâcha son piochon, me lança un regard noir, puis elle dit doucement : « Si vous ne croyez pas en l'Eternel, comment pouvez-vous croire à l'Enfer ? Ceux qui ignorent que l'Enfer existe ne connaîtront pas le Paradis. » Puis elle éteignit la lumière et regagna sa chambre à tâtons. Je l'entendis bientôt psalmodier.

Ce deuxième conflit avec Léna provoqua ma troisième rencontre amoureuse.

3

Léna m'ignora pendant des jours. En sortant du travail, je mangeais un morceau dehors, puis je flânais à droite et à gauche pour tuer le temps et ne rentrais que vers neuf heures, heure à laquelle elle se couchait d'ordinaire.

Par sécurité, à ces heures-là de la soirée, je traînais dans la grand-rue ou dans le parc Staline où il y avait du monde, de l'animation, et qui se trouvaient tout près de chez Léna. Mais c'était l'hiver et, à rester longtemps dehors, j'avais les joues glacées par le froid. J'étais bien obligée de me faufiler dans un centre commercial ou d'entrer dans un cinéma pour me réchauffer.

Un soir où je me trouvais dans un magasin d'objets artisanaux russes vers huit heures moins le quart, j'observai un grand maigre en train d'acheter une pipe. Il se penchait sur le comptoir pour choisir, très absorbé, sans remarquer un petit voleur collé derrière lui comme un gecko.

Par nature, j'étais sensibilisée aux voleurs dans les magasins. Comme moi, ils n'achetaient rien, mais je laissais mes regards errer sans but tandis que les leurs étaient fixés sur les clients. L'acheteur portait une sacoche en polyester bordeaux en bandoulière. Sans attendre qu'il ait payé sa pipe, d'un coup, le voleur fendit la sacoche avec une lame de rasoir et s'empara du portefeuille. Il allait filer vers la sortie, l'air de rien, quand je m'écriai : « Au voleur ! » et dans le même temps, je l'immobilisai. Il n'avait guère plus de seize ou dix-sept ans. Petit et maigrichon, les cheveux teints en blond, il ne portait pas d'écharpe mais avait une araignée tatouée dans le cou. On aurait dit que l'araignée ne cessait de lui sucer le sang, pour qu'il soit si chétif et si pâle. Il tenta de se dégager sans y parvenir, car l'acheteur de la pipe, comprenant qu'on l'avait volé, fondit sur lui comme un faucon pour m'aider à le maîtriser. Le gamin s'agenouilla devant nous en demandant grâce. Son père était mort, son grand-père aveugle, sa mère paralysée, et sa petite sœur victime d'une leucémie. La famille, dans un dénuement extrême, manquait d'argent pour se soigner et pour manger. Il avait abandonné l'école, en était réduit à voler. Quand un voleur est pris, il dévide un chapelet de mensonges, s'accablant de tous les malheurs du monde pour susciter la compassion.

Informé, le service de sécurité du magasin prévint la police, et quand un policier arriva, un sourire s'esquissa sur les lèvres du petit voyou. Après s'être informé succinctement sur les circonstances du vol, le policier rendit son portefeuille à la victime et emmena le voleur. En partant, ce dernier me lança un regard furieux et une injure violente et grossière : « Quand je sortirai de taule, je te baiserai à mort ! »

Avant que je réagisse, l'homme à la pipe répliqua : « Pour ça, il faudrait d'abord que ton outil soit à la hauteur ! »

Les témoins de la scène s'esclaffèrent.

Je sortis du centre commercial en même temps que le grand maigre.

« Je m'appelle Ji Deming, dit-il en me tendant la main. Je vous dois un grand merci ! Je n'avais pas beaucoup d'argent dans mon portefeuille, trois à cinq cents yuans, mais ma carte d'identité et ma carte bancaire y étaient aussi. Il aurait fallu faire une déclaration de vol pour la carte bancaire et je prends l'avion demain matin pour Shanghai. Sans ma carte d'identité, je n'aurais pas pu embarquer. Cela aurait compromis une affaire importante !

— Ne me remerciez pas. Si vous aviez vu quelqu'un me voler, vous ne seriez pas non plus resté les bras ballants. »

Qui se serait attendu à la réaction de ce Ji Deming : « Pas sûr ! »

Cette réponse me déplut. Je le saluai et, dégoûtée, pris le chemin du retour. Mais il me rattrapa, il tenait à me raccompagner.

J'eus beau lui dire : « C'est inutile, j'habite tout près d'ici », il me répondit très sérieusement : « Ça ne fait rien ! Ce que je crains, c'est que le voleur soit déjà relâché.

— C'est impossible ! Il a volé, c'est peut-être un récidiviste, il a commis un délit. »

Ji Deming soupira : « Vous n'avez pas remarqué que quand il a vu le policier arriver, il s'est réjoui discrètement ? Il le connaît certainement. A l'heure actuelle, policiers et canailles vont de pair. Les voleurs versent une contribution mensuelle aux policiers qui les couvrent. Ce n'est un secret pour personne, vous n'êtes pas au courant ? D'ailleurs, le policier sentait l'alcool, il venait de boire je ne sais où, comment pourrait-on lui faire confiance ?

— S'ils osent le relâcher, j'oserai le leur ramener ! Un petit voleur n'agit pas avec méthode, il recommencera dans le quartier, il n'échappera pas à ma vigilance ! » jurai-je en tapant du pied.

Ji Deming se mit à rire : « Par sécurité, comme les fonctionnaires en poste depuis un certain temps, ils s'en vont ailleurs, ils changent de garnison. Ne vous lancez pas dans une carrière de policier en civil ! » Pour me convaincre du bien-fondé de son opinion, il précisa que, lorsque le policier avait emmené le voleur, il aurait dû nous demander de l'accompagner pour enregistrer notre déposition, nous qui étions la victime et le témoin oculaire. « Il devait partir de notre témoignage pour établir le délit. Il n'a même pas respecté la procédure, il s'est hâté de sonner la retraite, ce qui prouve bien qu'ils sont de mèche. »

Je restai sans voix. Ji Deming poursuivit : « Si jamais le voleur a des complices, ils étaient peut-être sur place quand il a été pris. S'ils vous suivent en attendant l'occasion de se venger, vous risquez des ennuis. Voilà pourquoi il faut que je vous raccompagne.

— S'ils veulent se venger, qu'ils se vengent, j'ai bien assez vécu ! Pourvu qu'ils ne me laissent pas à demi morte. »

Mais Ji Deming me fit peur : « Quand ils se vengent d'une femme, ce n'est pas à sa vie qu'ils en veulent mais à son honneur ! »

Effrayée, j'acceptai tacitement qu'il me raccompagne.

En chemin, il reçut deux coups de téléphone. Au premier, il manifesta quelque impatience : « Directeur, vous m'avez déjà fait vos recommandations deux fois. Je ne suis pas un enfant. Soyez tranquille, je sais ce que je dois faire. Je ne me laisserai pas gruger. Je serai à Shanghai demain et je vous téléphonerai dès que j'aurai conclu l'affaire ! » La communication terminée, il bougonna : « On dirait qu'il y a un retour d'âge pour les hommes aussi, quel radoteur ! » Le deuxième appel lui fit plaisir, ce devait être un ami. L'air triomphant, il déclara qu'il avait de la chance ce soir. A l'instant, au magasin d'artisanat russe, un gamin lui avait volé son portefeuille, mais il avait été récupéré sur-le-champ par une jeune fille sans qu'il n'y manque rien. Il plaisanta : « On parle toujours de "héros volant au secours d'une belle", mais moi, j'ai eu la chance qu'une belle vole au secours du héros. »

La façon dont Ji Deming se comportait au téléphone me fit repenser à Song Xiangkui qui venait de me laisser tomber. Il était fonctionnaire dans un service gouvernemental. Chaque fois qu'il recevait un appel d'un supérieur, même dans la rue, il se mettait respectueusement au garde-à-vous et répondait, tout sourires : « Bien, directeur, soyez tranquille, j'exécuterai vos ordres. » Telles étaient les réponses que je l'entendais faire à ses supérieurs. Il était très humble avec eux, mais bien différent à l'égard de ses collègues de rang inférieur. Il travaillait au bureau principal, et un jour où nous étions allés admirer les lanternes de glace au parc Zhaolin, il rencontra un employé de son service qui le salua. Il se redressa avec morgue et grommela une vague réponse pour bien montrer que l'homme n'était qu'un subalterne. Je lui reprochai de manquer de cordialité envers un collègue, mais il me rétorqua qu'un service de l'Etat était un lieu où l'on formait des esclaves. Echelon après échelon, il était l'esclave de ses supérieurs, et ses inférieurs devaient être ses esclaves, sinon il étoufferait. Tandis que nous argumentions, l'employé nous rejoignit, tout essoufflé. Il était allé à l'entrée du parc nous acheter deux brochettes d'azeroles caramélisées. Song Xiangkui les accepta, et quand l'homme se fut éloigné, il me dit d'un air satisfait : « Tu as compris ? Ce n'est pas que je veuille à tout prix m'imposer comme supérieur, mais quelqu'un qui est sous tes ordres est prêt à être ton esclave. » Je refusai la brochette d'azeroles qu'il me tendait, car les fruits me semblaient des larmes rouge sang. Vexé, il mangea les deux. Admirer les lanternes, c'est aller vers la lumière, mais finalement je me sentis d'humeur sombre et nous nous quittâmes mécontents.

Le fait que Ji Deming ne se mît pas à plat ventre devant ses supérieurs me fit bonne impression. Après ses deux coups de téléphone, je lui dis : « Vous ne devez pas travailler dans un service de l'Etat, n'est-ce pas ?

— Comment le savez-vous ? » A la chaude lumière d'un réverbère, il me tira la langue comme un gamin. « En quoi est-ce que je ne respecte pas les usages ? »

Je souris sans répondre, et il n'insista pas. En passant devant la boutique du glacier de l'hôtel Moderne, Ji Deming s'arrêta net. « Et si nous prenions un esquimau ? » proposa-t-il. Les glaces de l'hôtel Moderne sont réputées depuis longtemps. Riches en crème, elles sont particulièrement savoureuses. Même l'hiver, des habitants dégustent leurs esquimaux, debout dans le froid, c'est une des curiosités de la grand-rue.

Devant la boutique, il y avait deux couples d'amoureux en train de manger leurs glaces. Un couple n'en avait acheté qu'une, et chacun à son tour en prenait une lampée. Leur tendresse touchante faisait des envieux. L'autre couple en avait une pour chacun, mais la jeune fille se blottissait contre le garçon, comme si, protégée par la poitrine de son compagnon, elle ne trouvait rien d'effrayant au froid de la glace et au vent coupant. Quand j'eus mangé la mienne, j'étais toute frissonnante, mais Ji Deming qui n'était pas rassasié en voulut une deuxième. Il me raconta qu'il avait été sevré de bonne heure et que quand il voyait une glace, c'était comme s'il voyait sa mère. Pour ne pas me retarder, il la mangea tout en marchant. Quand il eut fini, j'étais arrivée. Immobile dans la demi-obscurité, il jeta un coup d'œil à la maison et demanda, surpris : « C'est votre maison ? » Je secouai la tête et lui dis que je n'étais que locataire. Il eut une exclamation de compréhension, me recommanda d'être sur mes gardes quand je sortirais et de lui téléphoner si jamais le voleur me suivait. Il sortit son porte-cartes, me tendit une carte de visite et me regarda entrer dans la maison.

Il était à peine neuf heures. J'étais dans ma chambre, pas encore déshabillée, quand j'entendis Léna sortir de la sienne. Elle rouvrit la porte de l'appartement, la referma et tira les verrous avec soin. Souvent, quand je rentrais le soir et que j'avais tout fermé, elle allait et venait un moment. Elle devait m'avoir cataloguée comme une fille négligente et elle craignait sans doute les étrangers. J'étais sa locataire, mais au fond d'elle-même, elle devait me considérer comme une envahisseuse et il fallait qu'elle reste constamment vigilante.

Je projetai de déménager. Il ne suffit pas d'habiter une maison d'autrefois pour faire de beaux rêves.

Cette fois, je ne demandai pas son aide à Weina. Si je quittais une jolie maison étrangère où je ne payais pas de loyer pour chercher un autre logement, elle dirait sûrement que j'étais tombée sur la tête. Mais ce n'était pas facile de trouver une location. Je n'avais pas les moyens de m'offrir un studio, et pour une simple chambre à l'intérieur du deuxième périphérique, il fallait compter mille deux cents ou mille trois cents yuans, soit la moitié de mon salaire mensuel. Quant aux colocations, ou elles étaient mal situées, ou le prix était excessif, ou les colocataires ne m'inspiraient pas confiance. Je ne trouvais rien qui me convienne. Tandis que je me morfondais, Ji Deming réapparut.

Ce jour-là, la neige qui tombait en abondance paralysait la circulation. A la sortie du travail, après avoir mangé une demi-douzaine de petits pains à la viande dans un restaurant voisin, je rentrais à pied chez Léna. L'hiver, la nuit tombe de bonne heure à Harbin. Cependant, par temps de neige, le jour semble s'attarder. Dans les quartiers du centre, la lumière des réverbères réfractée par la neige donne une lueur blanche qui éclaire le visage des passants. L'agence de presse où je travaillais se trouvait près du pont de l'Arc-en-ciel, à deux stations de chez Léna. Même quand il ne neigeait pas et que l'autobus n'était pas bondé, je préférais aller à pied. Si je ne me trompe, c'était la troisième chute de neige de l'hiver. En accord avec le froid du sol, les flocons n'étaient pas collants comme à la première chute. Ils tombaient fièrement, avec une force irrésistible. J'aime la neige, car sur Terre j'ai peu de vrais amis, et quand il neige, j'ai toute une bande d'amis qui tombent du ciel, sans hostilité, sans nuisance, sans moquerie. Ils m'embrassent tendrement, comme si la lumière du Paradis illuminait la poussière de la Terre, et mon cœur se réjouit, s'éclaire, se détend. Tout au plaisir que me procuraient ces flocons de neige, je ne tardai pas à rejoindre mon logis.

Tandis que je traversais l'avenue en direction de la petite maison russe, un homme m'interpella : « Hé ! Petite ! » Je m'approchai, surprise, c'était Ji Deming. Tout de blanc vêtu, on aurait dit un réverbère planté au bord de l'avenue. Quand il me vit, il éteignit la cigarette rougeoyante qu'il tenait à la main, en disant : « J'en suis à ma troisième cigarette, comment se fait-il que vous sortiez du travail si tard ?

— Je ne rentre qu'après avoir mangé dehors. Je ne peux pas faire la cuisine dans ma chambre.

— Quel propriétaire est assez méchant pour ne pas vous laisser utiliser le gaz ? Vous paieriez, tout simplement. » Il avait le ton indigné d'un vieil ami. « Vous êtes rassasiée, mais moi j'ai le ventre creux à vous avoir attendue. Il faut que vous me teniez compagnie pour dîner. » Voyant que je ne répondais pas, il se hâta d'ajouter : « Vous êtes mon invitée. »

J'avais eu un instant d'hésitation, précisément à cause de ma bourse plate.

« Je dois être rentrée avant neuf heures.

— Votre logeuse se couche si tôt ? » Il sourit : « Dans le Sud, la vie nocturne commence tout juste à neuf heures du soir. »

Nous allâmes tout près, à Bifengtang, la Digue à l'abri du vent. Peut-être à cause de la neige qui rendait la circulation difficile, il n'y avait pas grand monde dans ce restaurant très fréquenté d'habitude. Ji Deming commanda du crabe sauté, du poulet succulent, des pattes de phénix à la vapeur sauce tambour et du riz cantonais. Il reconnut qu'il était gourmand, et lorsqu'il était d'humeur sombre, un bon repas dissipait les nuages et lui faisait retrouver le sourire. J'avouai que j'étais comme lui. Je n'avais pas encore digéré mes petits pains mais, incapable de résister à l'attrait de ces bonnes choses, je me mis à manger. Prenant prétexte du froid, Ji Deming commanda un quart de Huadiao, le vin jaune de Shaoxing. Nous nous mîmes à bavarder tout en mangeant.

Il me dit que pendant son séjour à Shanghai, il s'était inquiété pour moi. A chaque fois qu'il recevait un appel inconnu, il se figurait que c'était moi qui l'appelais au secours. Comme il n'avait eu aucune nouvelle jusqu'à son retour, il s'était dit que le petit voleur n'avait pas cherché à se venger. Mais aujourd'hui, quand la neige s'était mise à tomber, il avait été pris d'une étrange idée : et si j'avais été tuée par le voleur… je n'aurais pas pu me manifester. Inquiet, mais ignorant mon numéro de téléphone, il ne pouvait rien faire d'autre que de venir m'attendre devant chez moi.

« Vous n'avez pas jeté ma carte de visite à la poubelle, j'espère.

— Non. » Et j'ajoutai : « En fait, j'avais l'intention de vous demander conseil. J'ai composé la moitié du numéro, mais songeant que vous m'aviez peut-être depuis longtemps oubliée, je ne vous ai pas appelé. »

Il posa ses baguettes, s'essuya les lèvres avec une serviette en papier, puis me regardant fixement, demanda : « A quel propos ?

— Votre carte m'a appris que vous étiez directeur adjoint des ventes pour un laboratoire pharmaceutique. Vous rencontrez beaucoup de monde. Je voulais vous demander de m'aider à trouver une chambre à louer. Un loyer de cinq à six cents yuans, un bon logeur, dans un lieu pas trop écarté.

— Si vous n'aviez pas arraché mon portefeuille des mains du voleur, répondit-il franchement, je n'aurais pas pu aller à Shanghai le lendemain. Dans ce cas, j'aurais manqué l'occasion de signer un contrat important, aussi ai-je une dette envers vous ! Confiez-moi la mission de vous trouver une location. »

Il me demanda mon numéro de téléphone et déclara qu'il me préviendrait dès qu'il aurait trouvé quelque chose.

Quand nous sortîmes du restaurant, la neige ne tombait plus. Ji Deming voulut me raccompagner et je ne m'y opposai pas. Les passants étaient rares dans la grand-rue, qui donnait l'impression d'être plus large. Par temps de neige, le ciel se faisait peintre pour passer du blanc sur tout ce qu'il pouvait peindre. Nous étions presque arrivés quand Ji Deming regarda sa montre sous un réverbère et déclara : « Neuf heures moins dix, votre logeuse ne vous fera pas de reproche.

— Elle ne m'en fait pas, seulement elle m'ignore.

— Elle doit être vieille et laide ! »

Je souris et pénétrai dans la maison après un salut de la main.

J'entrai sur la pointe des pieds, j'allumai la lumière dans l'entrée et mis mes pantoufles. Une fois dans ma chambre, je découvris un bol fumant de décoction de gingembre, à côté duquel Léna avait laissé le mot suivant : *Xiao'e, par temps de neige et de grand froid, buvez donc cette tisane de gingembre. Les jours sont courts, vous n'êtes pas en sécurité dehors, rentrez plus tôt à la maison.* Ses caractères fins et déliés zigzaguaient comme des notes qui se seraient envolées sur une portée.

Le bol de tisane et les mots *rentrez plus tôt à la maison* me décidèrent à rester auprès de Léna.

4

C'est en troisième année d'université que j'avais eu mon premier amoureux, au milieu des bruyants encouragements de mes camarades de chambre. Pour être exacte, mes copines, qui le considéraient comme un article soldé, l'avaient poussé dans mes bras. Elles me disaient : « Xiao'e, te voilà en troisième année, et tu n'as toujours pas d'amoureux. Si on n'en a pas à l'université, à quoi bon faire quatre ans d'études ? » Et comme des archéologues à la recherche d'antiquités, elles avaient exhumé Chen Erdan[1].

J'ignorais encore dans quel département il était inscrit, quelle était sa spécialité, mais rien qu'à entendre son prénom, je secouai la tête. En effet, si je me mariais avec lui, d'après les usages de chez nous, je serais l'« épouse du deuxième œuf » ou l'« épouse de l'imbécile », c'était vraiment inacceptable ! Une jeune camarade me fit la leçon : « Deux œufs, qu'est-ce que ça peut faire ? C'est la preuve que ses attributs sont au complet. S'il n'avait qu'un œuf, tu oserais l'épouser ? » Sa plaisanterie fit s'esclaffer la chambrée tout entière.

1. *Erdan* : suivant le contexte, « deuxième œuf », ou « deux œufs », signifie également « imbécile ».

Nous étions, Chen Erdan et moi, dans le même département, en troisième année de philosophie. Il avait un an de moins que moi. Il venait du Sud, mais quand on lui demandait de quelle province, il marmonnait entre ses dents la formule classique : « Au-delà du Yangtsé. » Quand nous lui disions que cela englobait de vastes régions et voulions savoir d'où il était en fin de compte, il continuait à marmonner : « Dans ce bas monde, à quoi bon distinguer entre Nord, Sud, Est et Ouest ? »

Je mesurais un mètre cinquante-sept et lui un mètre soixante-deux. Nous étions tous deux petits et menus. J'avais de petits yeux, le menton pointu, les cheveux secs, Chen Erdan aussi. Même notre mine, avec des joues couleur de parchemin, signalait au premier coup d'œil que nous étions mal nourris. Nous venions tous deux de la campagne. Ses parents étaient paysans et son frère aîné, « grand œuf », était allé gagner sa vie en ville pour payer les frais de scolarité de son frère à l'université. Quant à moi, mes parents étaient morts, et c'était mon frère aîné, camionneur, qui me payait l'université. Comme j'étais pauvre, au restaurant universitaire, je choisissais toujours des plats bon marché, j'achetais le dentifrice, la lessive et les serviettes hygiéniques les moins chers. Quand mes vêtements étaient usés, je les reprisais pour continuer à les porter. De peur de tomber malade et de manquer d'argent pour me soigner, je m'astreignais à faire de la course de fond. C'est grâce à cela que, pendant mes quatre ans d'université, j'ai rarement attrapé un rhume. Côté études, j'étais dans la moyenne supérieure. Chen Erdan, au contraire, n'aimait pas le sport. Il disait que si on avait vu des gens courir dans son village, on les aurait pris pour des fous. A quoi bon courir quand il n'y a pas urgence ? C'était un étudiant appliqué mais avec des résultats médiocres, et à chaque semestre il devait repasser certaines matières. Il regrettait de s'être inscrit en philosophie, car à ses yeux cette discipline formait des hommes de vérité, alors que lui était stupide et ne possédait pas l'intelligence nécessaire.

Chen Erdan était fruste et sans détours. Il donnait aux filles de notre chambre l'occasion d'innombrables fous rires. Par exemple, si Li Ling lui demandait : « A ton avis, suis-je jolie avec des vêtements à fleurs ? » il répondait : « Quoi que tu portes, tes vêtements n'atteindront jamais la beauté du plumage d'un paon. » Si Zhang Yingmei lui demandait : « Préfères-tu Nietzsche ou Heidegger ? » il répondait : « Ni l'un ni l'autre, quand je les lis, j'attrape mal au crâne. » Dès qu'il venait nous voir, ce n'était que rires dans la chambre. On lui faisait place sans tarder, on lui offrait des friandises, des bananes, des fruits confits, du lait ou des biscuits. A chaque fois qu'il était l'objet de ces attentions, il me regardait avec inquiétude, comme un pauvre enfant, redoutant que je lui reproche de me faire honte. Il savait que j'étais sous-alimentée, et un jour où on lui avait offert une pomme caramélisée, il ne put se résoudre à la manger. Après en avoir croqué deux petites bouchées, il la fourra discrètement dans sa poche. En sortant du dortoir, il m'entraîna vers le petit bois du campus, sortit un joli couteau de poche avec lequel il découpa l'endroit mordu par ses dents, puis il m'offrit la pomme. Il m'apprit que, sans avoir les moyens d'acheter des fruits, il n'en était cependant pas privé. Les étudiants de familles aisées abandonnaient souvent des restes de pomme ou de poire sur les bancs ou les pelouses du campus. Il avait toujours son canif sur lui pour les couper et les éplucher. Ses paroles et cette demi-pomme qu'il m'offrait m'arrachèrent des larmes. Je lui dis : « Chen Erdan, je suis à toi pour la vie ! » Inquiet, l'air sombre, il s'écria : « Une grande fille comme toi, qui doit bien peser quarante-cinq kilos, comment pourrais-je la nourrir ? » Je ne savais plus s'il fallait en rire ou en pleurer.

Nous nous séparâmes au bout de six mois. Quand il revint de chez lui après les vacances de Nouvel An, il se mit à me battre froid. Je lui demandai s'il avait une nouvelle petite amie. Il me répondit franchement qu'il avait emporté ma photo pour la montrer à ses parents, et cela les avait rendus si tristes que les fêtes ne s'étaient pas bien passées. Ils me trouvaient trop mince, avec un visage menu de mauvais augure. J'avais le bassin étroit et je risquais d'avoir des difficultés à enfanter. Tout gêné, Chen Erdan m'expliqua que, malgré ses sentiments, l'obéissance aux parents passait avant tout. Il préférait ne pas se marier que de ne pas respecter leurs volontés. Ainsi nous séparâmes-nous sans drame. Je préparais le concours d'étudiant-chercheur, mais lui qui était las de la vie d'étudiant rentrerait chez lui dès qu'il aurait son diplôme. Bien que dans la même université, nous cessâmes de nous donner rendez-vous. Nous étions comme deux étoiles voisines en apparence, mais chacune sur sa trajectoire. Pendant trois mois, nous ne nous rencontrâmes pas. Il obtint son diplôme et moi j'échouai au concours d'étudiant-chercheur, puis au concours de fonctionnaire.

La veille de son départ de Harbin, Chen Erdan me donna rendez-vous pour dîner au village des pêcheurs à l'île du Soleil. Ce soir-là, il but un cruchon d'alcool et, en sortant du restaurant, il m'entraîna dans un bosquet de lilas désert où il m'enlaça. Il sanglotait en répétant : « Comme la vie est cruelle ! », si bien que j'avais le visage couvert de larmes et de morve. Nous franchîmes le pont pour rentrer à l'université par le dernier bus. Une fois arrivé, il me tendit une grosse enveloppe en me disant de ne l'ouvrir que lorsqu'il aurait quitté Harbin. Le soir même, rentrée au dortoir, je l'ouvris sans respecter sa recommandation. Elle contenait un paquet de billets différents : il y avait de grosses coupures de cent yuans et des billets d'un ou deux yuans, neuf cents yuans en tout, accompagnés d'une lettre où il me disait : *Xiao'e, jamais je n'oublierai la nuit au pied des bouleaux. Je me suis mal conduit envers toi. J'ai économisé cette modeste somme sur ma nourriture, ce n'est pas grand-chose. Tout le monde dit qu'il est possible de restaurer l'hymen par une opération à l'hôpital. Complète cette somme et va te faire opérer. Plus tard, trouve-toi un bon mari.* Je me rappelai ce soir de fin d'été où nous avions croqué le fruit défendu dans le bois de bouleaux du campus. C'était la première fois pour nous deux, et dans la frénésie du moment, troublés par un rat qui, tel un policier faisant sa ronde, avait brusquement surgi et nous avait fait sursauter, nous n'avions pas eu tout le plaisir escompté. Redoutant que je sois enceinte, Chen Erdan avait tremblé de peur pendant un mois, jusqu'à ce que mes règles arrivent et lui fassent pousser un soupir de soulagement. En souvenir de ce soir-là, il avait composé les vers suivants :

Tu regardais les étoiles au ciel,
Je regardais les étoiles dans tes yeux ;

Les étoiles du ciel étaient ton anneau d'or,
Les étoiles dans tes yeux étaient l'ardillon de ma ceinture.

Son poème d'amour plutôt comique me fit rire aux larmes.

Le jour de son départ, je me précipitai dans le vacarme de la gare pour lui rendre ses neuf cents yuans. A l'instant des adieux, Chen Erdan me dit soudain avec chaleur : « Quand tu auras grossi, que ton visage se sera rempli et tes fesses se seront arrondies, prends une photo et envoie-la-moi pour que je la montre à mes parents ! » A ces mots, je lui dis adieu et partis sans même me retourner. Qui se serait retourné vers un tel homme !

Finalement, je fus reçue à un examen de recrutement pour un journal local d'assez large diffusion. J'avais postulé pour un poste de journaliste, mais lorsque je me présentai au journal, le directeur me dit qu'une correctrice était en congé maternité et il me demanda de la remplacer. A l'agence, un correcteur n'était pas mieux considéré qu'un balayeur, mais j'aimais ce travail et j'avais le chic pour détecter les fautes alors que je n'aurais pas eu les capacités pour entrer en contact avec toutes sortes de gens. Après son congé maternité, la correctrice changea d'affectation et je fus pérennisée dans ce poste. Huang Weina l'emportait sur tous les autres journalistes de l'agence pour ses qualités de rédactrice. C'était un plaisir de lire ses manuscrits, on n'y trouvait quasiment pas d'erreurs. Je lui dis un jour devant tout le monde : « Si tous les journalistes de l'agence étaient comme toi, je perdrais mon emploi ! Tes papiers pourraient être envoyés directement à l'impression. » C'est ainsi que nous devînmes de bonnes amies. Je me souviens que, lorsque je lui racontai mon premier amour, la cigarette au bec, elle s'écria avec hargne : « Merde alors ! Un deuxième œuf, pas plus haut qu'une pousse de soja, qui a eu le toupet de laisser tomber sa petite amie ! Donne-moi l'adresse de ce type, que je lui fasse envoyer une grosse truie par une société de transport, accompagnée du message suivant : “Voici la mariée sur son char !” pour lui faire mal au cœur ! »

Après avoir emménagé chez Liu Qin, je fis la connaissance de Song Xiangkui sur le Net. Nous commençâmes par bavarder sur QQ, et comme nous nous sentions en affinité, nous nous rencontrâmes. Il avait le visage rond, de petits yeux, un nez aplati, des lèvres épaisses, et au premier abord il semblait loyal. Lors de notre première rencontre, il claqua les lèvres en disant : « Comment se fait-il que vous soyez d'une taille au-dessous de ce que j'imaginais ? », soulignant ainsi ma maigreur. Je ripostai du tac au tac : « Comment se fait-il que vous soyez d'une taille au-dessous de ce que j'imaginais ? » C'était un petit gros, avec le ventre proéminent d'un buveur de bière. Il se mit à rire et déclara : « C'est que nous sommes bien assortis. »

Song Xiangkui venait d'un autre district. Il travaillait dans un service de l'Etat, avec une position et un salaire plus élevés que les miens. Logiquement, il aurait dû pouvoir louer un appartement, mais il vivait en colocation. Il avait perdu son père de bonne heure, sa mère était en mauvaise santé et il avait un frère aîné infirme, âgé de près de quarante ans, qui n'avait jamais pu se marier. Ce frère tirait sa subsistance de quelques arpents de terre pauvre et de deux vaches. Plein d'affection pour sa mère et son frère, Song Xiangkui économisait sur toutes ses dépenses pour leur envoyer chaque mois une aide de huit cents yuans. A vrai dire, je me laissai aveugler par ses sentiments à l'égard des siens. Je me dis que si j'entrais dans cette famille, que je devenais sa femme, il me traiterait aussi bien.

Nous nous fréquentions depuis trois mois quand le colocataire de Song Xiangkui partit en mission au Guangdong, et j'allai vivre quelques jours avec lui. Je me souviens que le premier matin, lorsque, toute heureuse, je disposai sur la table le petit déjeuner que j'avais préparé avec soin, Song Xiangkui ne manifesta pas la chaleur à laquelle je m'attendais. Quand je le quittai, trois jours plus tard, je compris enfin la raison de son humeur. En me conduisant à la gare des cars, il me demanda brusquement : « C'était avec qui, la première fois ? » Estimant qu'il n'y avait aucune raison d'en faire mystère, je lui dis que c'était avec mon premier amour à l'université.

« Pourquoi vous êtes-vous séparés ?

— Il est retourné dans le Sud. Ses parents me trouvaient trop chétive, je ne leur plaisais pas. »

Song Xiangkui eut un rire étrange et demanda : « Etes-vous restés en contact ?

— Non.

— Eh bien tant mieux », dit-il en me caressant la joue.

Je croyais que l'interrogatoire était terminé, je ne m'attendais pas à ce qu'il me murmure à l'oreille sur le quai : « T'es-tu fait avorter à cause de lui ? » Je secouai la tête. Il me tapa sur l'épaule et éclata de rire : « Il faut croire que toutes les graines ne germent pas. »

Ces mots comme son attitude me mirent en colère. Je n'aurais pas cru qu'il accorderait une telle importance à cette membrane. Il semblait bien que l'inquiétude de Chen Erdan fût fondée. En fin de compte, les hommes se comprennent entre eux. Je commençai à prendre mes distances, mais lui, comme si de rien n'était, continuait à m'envoyer des SMS en me demandant de mes nouvelles. Comme je ne lui répondais pas, il venait jusqu'à mon domicile et frappait bruyamment à la porte en criant : « Xiao'e, c'est Song Xiangkui, ouvre-moi ! » Naturellement, je l'ignorais, de toute façon Liu Qin ne pouvait pas l'entendre. Pourtant, il ne renonçait pas et revenait deux jours plus tard. Cela dura jusqu'à un jour où il pleuvait à verse et où je l'aperçus à travers la vitre qui frissonnait, tout trempé. Je finis par lui ouvrir.

Après une liaison de deux ans, il m'apprit soudain qu'il aimait quelqu'un d'autre. L'élue n'était autre que Liu Qin. Je me rappelai qu'un jour en rentrant du travail, quand j'avais ouvert la porte, je les avais découverts tous les deux. Je lui avais demandé comment il était entré et il m'avait dit qu'il avait rencontré Liu Qin qui sortait vider les ordures. En réalité, la poubelle était pleine, elle n'avait pas été vidée. Sur le moment, je ne les soupçonnai pas car je n'aurais pas cru que Song Xiangkui puisse tomber amoureux d'une sourde-muette.

Ce fut le désir de mariage qui provoqua notre rupture.

Cette année-là, nous voulions nous marier au printemps, mais il n'y avait aucun espoir de logement. L'agence où je travaillais ne disposait pas de logements économiques à louer. L'organisme d'Etat qui employait Song Xiangkui en possédait, mais lui n'avait pas assez d'ancienneté et n'était pas assez élevé dans la hiérarchie pour y prétendre. Après nous être concertés, nous décidâmes de louer un appartement jusqu'à ce que son unité de travail lui en attribue un. Le conflit naquit du choix du lieu. J'étais favorable à un petit appartement en pleine ville, plus commode pour aller au travail. Lui jeta son dévolu sur un appartement de trois pièces situé dans le voisinage de l'usine linière, arguant que le loyer était moins cher et qu'il était lumineux ; seulement il fallait changer deux fois de bus pour aller travailler. Je n'avais pas envie de perdre deux ou trois heures par jour en aller et retour dans les transports en commun. Nous nous querellions partout, dans la rue, chez Liu Qin ou au restaurant. Un jour où la dispute était particulièrement vive, Song Xiangkui s'écria, furieux : « Eh bien, séparons-nous et voilà tout ! Si tu veux vivre dans une tombe de merde, ça ne me regarde pas ! » Je ripostai aussi sec : « D'accord, vivre avec un fantôme, ce sera toujours mieux qu'avec toi ! » Il ajouta : « Une femme comme toi, chez nous, on la laisserait pourrir en terre. Qu'est-ce que c'est qu'une femme qui ne peut obéir à son homme ?

— Alors retourne chez toi, te trouver une femme qui n'a pas pourri en terre. »

Les yeux de Song Xiangkui lançaient des éclairs, il aurait voulu me dévorer.

Après cette violente dispute, nous prîmes nos distances. Il ne fut plus question de mariage. Il nous arrivait encore de passer un moment ensemble, mais nous n'avions plus grand-chose à nous dire et nous n'avions plus d'intimité. A l'automne, il parla de séparation, disant qu'il était amoureux de Liu Qin. Il en avait assez des disputes, et jamais Liu Qin ne le blesserait par ses paroles. Quand il vit mon air ironique, il déclara : « Ne va pas t'imaginer que c'est à cause de l'appartement, ce n'est pas cela que je vise. »

La chambre que je louais allait devenir leur chambre nuptiale ! En faisant mes bagages, j'avais le cœur lourd. Je me jurai de ne plus chercher de petit ami, mais le destin fit resurgir Ji Deming. Voilà qu'en fin de semaine, par un après-midi glacial, il me téléphona : « Hé ! Petite ! Je vous ai trouvé un appartement ! Je propose de vous emmener le visiter ce soir, et par la même occasion je vous invite à dîner. » Je lui appris que je m'étais réconciliée avec ma propriétaire et que je n'avais plus besoin de chercher quelque chose à louer.

« Mais pourquoi ne pas m'avoir averti ?

— J'allais justement vous téléphoner pour vous prévenir, mentis-je.

— Alors comment faire ? J'ai déjà pris rendez-vous avec le propriétaire ! Eh bien voilà : il faudrait que vous veniez voir l'appartement avec moi, puis je dirai qu'il ne vous convient pas. Sinon, je ne vois pas comment me rétracter. »

Je fus obligée d'accepter.

L'appartement qu'il m'emmena visiter se trouvait près du parc Sun Yatsen, dans le quartier de Nangang, dans une tour donnant sur la rivière Majiagou. Dans l'ascenseur, je fus prise d'un étourdissement. Ji Deming s'en rendit compte et me demanda : « Etes-vous sujette au vertige ?

— Oui, un peu.

— Heureusement ce n'est pas trop haut, seulement au dixième étage. »

En sortant de l'ascenseur, il nous dirigea vers une porte gris acier. Quand il sortit une clé pour ouvrir, je lui demandai, étonnée : « Comment se fait-il que le propriétaire vous ait confié la clé ? »

Sans répondre, il entra avant de préciser : « A partir de maintenant, c'est moi votre propriétaire. Vous n'aurez pas de loyer à payer. Vous pourrez venir et partir quand vous voudrez, il n'y a pas de bail ! »

Tout étourdie, je ne savais quelle attitude adopter. Il me mit un trousseau de clés dans la main, puis me conduisit dans la cuisine. Sur le plan de travail de marbre gris, je découvris des légumes et de la viande préparés pour la cuisson. Ji Deming me lança un tablier à carreaux bleus et blancs et me fit un clin d'œil : « Vous ne m'en voulez pas ? Je veux juger un peu vos talents de cuisinière. »

Je compris que lorsque j'aurais noué ce tablier, je deviendrais sa cuisinière.

5

Jamais il n'y avait eu à Harbin autant de neige qu'en cet hiver de mes amours avec Ji Deming. La neige est l'Evangile des amoureux. Les jours où il neigeait, je disais à Léna que je faisais des heures supplémentaires au journal et que je ne pourrais pas rentrer le soir. Il fait nuit de bonne heure en hiver, le soleil finit sa journée bien avant nous, il se couche vers les quatre heures. J'aimais marcher à la rencontre des flocons de neige dans l'ombre laiteuse des réverbères jusque chez Ji Deming. Quand j'avais franchi le pont de l'Arc-en-ciel et dépassé le tumulte de la gare, je n'étais pas loin du supermarché Carrefour de la rue de l'Ouest. A chaque fois que nous avions rendez-vous, je m'arrêtais à Carrefour en prévision de notre souper. En décembre, la température descend jusqu'à moins vingt ou moins trente à Harbin. Pour que les légumes ne gèlent pas, j'enroulais mon filet à provisions dans de la bourre de soie. De Carrefour au parc Sun Yatsen, il y a une dizaine de minutes à pied. Deming aimait le porc à la sauce rouge et le poisson à l'aigre-doux. Les épinards et les tomates étaient ses légumes préférés. Ciel et terre se perdaient dans l'ombre, mais mon filet était rempli de vives couleurs.

Ces soirs-là, après le dîner et la douche, nous filions vers le lit. Par une nuit de neige, le lit est doux comme un jujube confit.

Deming avait trois ans de plus que moi. Il avait perdu sa mère très tôt. Sa petite sœur faisait ses études en Australie. Son père avait eu une vie pleine de vicissitudes, une vie dramatique. Sous-directeur d'une grosse entreprise privée, il avait provoqué un malheur au cours d'un repas qu'il partageait avec des commerçants du Sud. Après trois toasts, l'un d'entre eux avait déclaré qu'il était facile de faire des affaires avec les gens du Nord-Est car ils étaient bêtes, ils ne se souciaient pas des petites dépenses et signaient les notes sans sourciller, avec eux il y avait de l'argent à gagner. Quand le père de Deming avait entendu cela, il avait vu rouge. La dispute s'était envenimée et ils en étaient venus aux mains. Echauffé par l'alcool, il avait brisé une bouteille sur la tête du commerçant. Son geste avait eu des conséquences fâcheuses pour tous les deux. Sans être complètement végétatif, le Méridional avait perdu une partie de ses capacités, il restait hébété à longueur de journée. Le père de Deming avait été blessé aux yeux, il était devenu à moitié aveugle ; inutile de dire que l'indemnité qu'il avait dû payer lui avait fait perdre tous ses biens, et surtout il avait passé quatre ans en prison. A sa sortie, il n'y avait plus de place pour lui dans l'entreprise, il avait dû repartir à zéro. Grâce à sa grande expérience des affaires, il avait obtenu un prêt d'une banque et monté à Nangang une société de courtage. Trois ans plus tard, il avait remboursé son emprunt et, avec l'argent gagné, il avait créé une imprimerie à Daowai. En prison, il avait connu de nombreux criminels que la pauvreté avait conduits à prendre des risques. Il éprouvait une grande compassion pour eux. Aussi sa société et son imprimerie recrutaient-elles surtout des criminels libérés en fin de peine. Deming disait que son père répétait souvent : « Quand on vous donne une voie de salut, qui s'aventurerait dans une impasse ? »

Deming parlait de son père avec vénération. Il allait le voir chaque semaine. Quand je lui demandai s'il avait une belle-mère, voici ce qu'il me répondit : « Pendant toutes ces années, mon père n'a pas manqué de compagnie féminine, mais il n'a jamais songé à se remarier. Je pense qu'il ne peut oublier ma mère. Au cours de ses années de prison, chaque fois que j'allais le voir, les recommandations qu'il me faisait avaient toujours trait à ma mère. Quand j'allais le voir au troisième mois, il me demandait de ne pas oublier d'aller faire offrande d'œufs teints en rouge et de planter une branche de saule sur la tombe de ma mère pour la fête de la Pure Lumière, la fête des Morts, parce qu'elle aimait ça. Quand j'allais le voir l'été, il me disait de penser, pour le quinze du septième mois, à déposer une lanterne de rivière à son intention sur le fleuve Songari et à jeter quelques grains de maïs dans la lanterne, parce que ma mère aimait le maïs, elle disait que c'était la reine des céréales. Et lors de ma visite en hiver, il me rappelait qu'il fallait que j'aille brûler beaucoup de monnaie de papier sur sa tombe afin qu'elle ne manque de rien dans l'autre monde. Sa tendresse pour ma mère ne s'est jamais démentie, si bien que j'ai l'impression qu'elle est toujours là avec nous. »

Je lui demandai comment était sa mère pour que son père ne puisse l'oublier, vivante ou morte. « Elle n'était pas spécialement jolie, elle ne travaillait pas, mais elle était vertueuse et bonne. Quand mon grand-père a été atteint d'un cancer du foie, pendant la dernière phase de sa maladie, comme mon père était absorbé par ses affaires, toute la tâche de prendre soin du vieil homme a reposé sur les épaules de ma mère. Pendant deux longs mois, elle a veillé jour et nuit près du lit de son beau-père, jusqu'à ce qu'il s'éteigne paisiblement. Après l'enterrement, lors de la cérémonie du septième jour, elle a eu une crise cardiaque, et tout le monde a compris qu'elle était morte de fatigue après s'être occupée du grand-père. »

Je crus que, décédés juste l'un après l'autre, ils avaient été enterrés ensemble, mais Deming secoua la tête : « Mon père hait son propre père, il dit qu'il a entraîné sa belle-fille dans la mort par égoïsme, en espérant qu'elle continuerait à s'occuper de lui dans l'autre monde. Il dit qu'il ne peut vraiment pas la laisser mourir de fatigue une deuxième fois. »

En balayant l'appartement de Deming, je découvris des traces de présence féminine. Dans un tiroir de l'armoire de sa chambre, il y avait un corsage de femme gris argent, de petite taille, au milieu d'une pile de chemises blanches. On voyait que la femme devait être délicate et raffinée. Au portemanteau du vestibule était accrochée une paire de gants de femme, de grande taille, qui ne pouvait pas appartenir à la même personne. Dans la salle d'eau, un vieux verre à dents contenait une jolie barrette fantaisie bleue incrustée de faux diamants. Deming ne se déroba pas, il m'avoua qu'il avait eu trois petites amies. Pourquoi ils s'étaient séparés, il n'en dit rien et je n'en avais aucune idée.

Léna finit par avoir des doutes sur la fréquence de mes heures supplémentaires. Un soir, après ses prières, elle vint dans ma chambre me déclarer : « Si vous avez un meilleur logement, déménagez, cela vaudra mieux pour nous deux. Quand vous ne rentrez pas, même si vous m'avez prévenue, si j'entends des pas dans le couloir, je me figure qu'on vous a jetée dehors et je me sens obligée de me lever pour aller voir. Vous savez que j'ai toujours eu le sommeil léger. »

Je fus touchée par les paroles de Léna, mais je lui mentis quand même. « Il y a beaucoup de travail à l'agence en cette fin d'année. Outre les corrections d'épreuves, je fais un peu de rédaction, c'est pourquoi j'ai constamment des heures supplémentaires, mais après le Nouvel An, ce sera plus calme », bégayai-je en rougissant.

Léna toussa : « A chaque fois que vous revenez après ce travail supplémentaire, vous êtes imprégnée d'une odeur désagréable ! »

Deming était un grand fumeur. Vivre en sa compagnie, c'était comme se faufiler dans un conduit de cheminée.

Je compris que le nez fièrement dressé de Léna, tel un détecteur de mensonges, était resté aussi sensible que celui d'une jeune fille. Tête basse, je murmurai : « Je vous demande pardon, Léna…

— Quel est son métier ? » me demanda-t-elle en allant droit au but.

Je lui devais la vérité : « Il travaille dans un laboratoire pharmaceutique, au service des ventes.

— Serait-ce que vous craigniez de manquer de médicaments si vous tombez malade un jour ? »

Et avec un doux sourire, Léna me pardonna encore une fois.

Je savais que depuis ses soixante-dix ans, Léna avait cessé d'aller consulter à l'hôpital et prenait très peu de remèdes. Elle déclarait qu'elle avait remis sa vie entre les mains de l'Eternel.

Mais moi, j'étais jeune, et quand on est jeune, on préfère se confier à un être humain, même si on se trompe souvent dans son choix.

Je ne voulais pas quitter Léna. Mes relations avec Deming étaient trop récentes, elles avaient évolué trop vite, il convenait de les mettre à l'épreuve pour voir si c'était vraiment de l'amour. Après tout, il me surpassait dans bien des domaines. Je craignais qu'un jour il ne parle brusquement de séparation, comme Song Xiangkui l'avait fait.

A partir de ce soir-là, une ou deux fois par semaine, Léna me raconta un épisode de la Bible. Sans doute trouvait-elle que les miasmes qui m'imprégnaient avaient besoin d'histoires de pureté pour se dissiper. C'est ainsi qu'une nuit, les oreilles abreuvées de récits bibliques, je rêvai de Moïse. Il était mi-humain mi-esprit, vêtu d'une grande robe argentée, avec de longs cheveux flottant telle une chute d'eau. Sa robe irradiait la douce clarté de la lune, et ses cheveux répandaient l'éblouissant éclat du soleil. De sa bouche jaillissait une fraîche eau printanière. Lorsque je racontai mon rêve à Léna, elle tenait une bouteille de lait à la main. Surprise par mon récit, elle versa le lait à côté de la tasse.

A la fin de cette semaine-là, Deming allait partir en mission à Lanzhou. Songeant à la violence du vent de sable dans le Nord-Ouest, je lui achetai un gilet molletonné bleu clair et lui recommandai de le mettre quand il aurait froid. La veille de son départ, quand j'ouvris sa valise pour y mettre le vêtement, je découvris deux choses qui me déplurent : une boîte de préservatifs et un costume funéraire.

Au début, j'ignorais qu'il s'agissait d'un costume funéraire. Tout ce que je remarquai fut un vêtement de brocart de couleur vive dans la poche de la valise protégée par un filet de nylon. Ma curiosité n'en fut pas particulièrement aiguisée, mais la découverte des préservatifs m'avait irritée. Gênée de lui poser la question, je pris prétexte du vêtement pour parler de la valise, en espérant que, de lui-même, il me donnerait une explication.

Prenant à dessein un ton détendu, je lui demandai : « Deming, pourquoi emportes-tu un habit de brocart dans ta valise ? C'est une tenue de propriétaire foncier, ne crains-tu pas d'être contaminé en le portant ? »

Il finissait de se raser. Il sortit de la salle d'eau en caressant son menton lisse et me déclara avec un drôle de sourire : « Xiao'e, tu veux voir cet habit ? Je t'avertis, une de mes petites amies s'est enfuie après ça, terrorisée. »

Même s'il s'agissait de la boîte de Pandore, je voulais l'ouvrir pour tirer la chose au clair. Je tirai vivement la fermeture éclair et sortis le vêtement de la poche : il était imprimé de dragons verts et de nuages multicolores de bon augure sur fond abricot. Sans boutons, avec une ceinture jaune vif à la taille, on aurait dit un costume de bonze. Deming m'apprit que c'était son vêtement funéraire. Le jour de ses vingt ans, il était allé le commander dans un magasin spécialisé. Il valait mieux le faire faire une année comportant un mois intercalaire[1] pour favoriser la

1. Le calendrier traditionnel est luni-solaire. Il est composé de douze mois lunaires de vingt-neuf ou trente jours. On y ajoute un mois intercalaire tous les trois ans environ, pour faire coïncider l'année lunaire et l'année solaire.

longévité, et cette année-là c'était justement le cas. Il ajouta avec ironie qu'autrefois seul l'empereur pouvait porter des dragons sur son costume funéraire, mais que maintenant le menu peuple le pouvait, ce qui prouvait les progrès de la société. On n'avait pas encore résolu le problème de l'égalité dans la vie, mais on l'avait réalisé dans la mort.

Je n'éprouvai pas le besoin de m'enfuir avec terreur comme sa précédente petite amie, mais j'eus un haut-le-cœur, comme si je tenais entre mes mains un vêtement qui aurait habillé un cadavre en putréfaction exhumé d'une tombe millénaire. Je lâchai le vêtement et me précipitai aux toilettes pour vomir.

Après coup, Deming me dit qu'il avait cru à une réaction physiologique provoquée par la vue des préservatifs. Il ne croyait pas qu'un vêtement funéraire puisse déclencher des vomissements chez une femme. Il m'accompagna, me tapa dans le dos pour me soulager, puis il m'expliqua : « Dans mon métier où l'on va discuter affaires et signer des contrats loin de chez soi, il faut savoir fêter les succès. Quand on a bien mangé et bien bu, on va inévitablement dans un établissement de bains où il y a des filles. On ne peut s'y opposer, la vie est trop dure et trop courte. En réalité, à peine ce moment passé, on l'oublie. C'est comme pour mon père qui a couché avec bien des femmes, alors que seule ma mère comptait pour lui. Si j'utilise les préservatifs, c'est par mesure de précaution et aussi par égard pour toi. Si ça te dégoûte, tant pis, tu peux choisir de me quitter. »

Les vomissements me faisaient tousser aux larmes et je demandai sottement : « Si nous étions mariés, est-ce que tu ne le ferais plus ? »

Deming éclata de rire sans répondre à ma question. Il alluma une cigarette et m'expliqua qu'il avait préparé ses vêtements funéraires depuis longtemps et pourquoi il les emportait toujours en voyage. Selon lui, on est de moins en moins en sécurité en ce monde et il est difficile de prévoir les calamités causées par la société, la nature et les humains eux-mêmes. Par exemple, un attentat à la bombe dans un autobus, un vice caché rendant dangereux un escalier roulant dans le métro, le blocage des issues de secours en cas d'incendie dans certains hôtels et restaurants, le nombre sans cesse croissant des ivrognes et des drogués, la tendance à servir de l'alcool frelaté dans les restaurants, l'accroissement des vols à main armée, l'intensité sans précédent des tremblements de terre, un environnement trépidant et la pollution croissante qui fragilisent le système cardiaque et le cerveau, si bien que les morts subites en pleine rue sont de plus en plus fréquentes. Mis ensemble, les éléments susceptibles d'entraîner la mort tissent un réseau invisible qui nous menace à chaque instant. Il suffit que l'un de ces fils nous atteigne pour que nous quittions notre adresse terrestre, direction le Paradis de l'Ouest.

« Si tu meurs subitement en voyage, comment feras-tu pour enfiler ton habit funéraire ? Tu ne peux pas l'emporter avec toi tous les jours quand tu sors, n'est-ce pas ? Et même si tu l'emportes, quand tu seras mort, qui saura que c'est ton habit funéraire ? Et qui consentira à t'en revêtir ?

— Ne te préoccupe pas de ça, j'y ai pensé.

— Et si tu es victime d'un incendie ou d'un accident aérien, il sera réduit en cendres en même temps que toi, tu ne pourras pas le porter. Et si tes bagages se perdent en cours de route, ne sera-t-il pas perdu lui aussi ?

— Fiche le camp, oiseau de malheur ! » hurla Deming. Et comme fou, il lança son mégot dans ma direction.

Tout en enfilant mon manteau pour m'enfuir, je lui lançai : « Si tu es capable de prévoir ta tenue funéraire, comment peux-tu attacher de l'importance à mes paroles désagréables ? »

Il ne souffla mot, mais ses yeux injectés de sang semblaient lancer des flammes.

Il était neuf heures moins dix, impossible d'arriver chez Léna avant neuf heures. A cet instant, je fus prise de l'envie de goûter à une cigarette. J'en achetai un paquet ainsi qu'un briquet jetable à la petite boutique au pied de l'immeuble, puis je me dirigeai vers le passage qui menait à la piscine souterraine. Je découvris que je n'étais pas la seule à apprécier la tiédeur de l'endroit, les chats errants aussi. A la faible lumière des lampes, trois chats étaient roulés en boule, tels des spectres. Quand ils me virent, ils dressèrent la tête pour me fixer de leurs yeux ronds, comme s'ils s'opposaient à l'invasion de leur territoire. Pensant qu'ils devaient avoir faim, je leur lançai le pop-corn d'un demi-sachet qui me restait. Tandis que je fumais ma première cigarette, les chats se précipitèrent sur la nourriture, mais ils se contentèrent de lécher les grains éclatés, aussi légers que des feuilles mortes, puis les abandonnèrent. Je me dis qu'ils ne devaient pas supporter tous les additifs. Ce à quoi les hommes trouvent du goût ne vaut pas pour les chats la saveur d'une souris. Tandis que je fumais, les chats s'amusaient avec le pop-corn comme avec une balle, le faisant aller et venir entre leurs pattes. Celui qui avait la queue coupée était le plus vif. Après ma troisième cigarette, je commençai à en apprécier la saveur. Je me dis qu'il n'y avait rien d'étonnant à ce qu'on nomme les cigarettes « tabac parfumé » en chinois. Cependant, un plaisir de plus, c'était aussi une dépense de plus, et si jamais j'y prenais goût, mon porte-monnaie en souffrirait. Je jetai les cigarettes et le briquet dans une poubelle, et décidai d'aller passer la nuit dans un hôtel pour clients pressés. Juste comme je sortais du passage, mon téléphone sonna. C'était Léna qui me dit : « Xiao'e, un crochet de mes doubles rideaux est tombé, je ne peux plus les fermer complètement. S'ils ne sont pas bien tirés, je ne pourrai pas dormir. A cette heure tardive, je ne peux pas faire appel à l'homme de service. Pouvez-vous venir m'aider à changer le crochet ? » Avec le sentiment d'être sauvée, je lui dis : « J'arrive tout de suite. »

Etant donné son grand âge et l'état de ses jambes, Léna avait recours à un factotum pour tous les travaux qui obligeaient à monter sur une échelle, laver les rideaux, les vitres, l'auvent et les placards à chaque changement de saison. Ce crochet tombé arrivait à point nommé pour m'éviter la dépense d'une nuit d'hôtel.

De retour chez Léna, quand j'eus ôté mes bottes de feutre et dégusté le verre de lait chaud qu'elle m'avait tendu, j'entrepris de changer le crochet défectueux. J'allai chercher l'escabeau sur la terrasse, je l'ouvris et je montai sur la plus haute marche, un crochet de rechange à la main. Au pied de l'escabeau, Léna me recommandait la prudence. La pièce était haute de plafond, et les rideaux de la chambre, plus longs que dans les autres maisons, avaient grande allure. Ils étaient crème, imprimés de bouquets de fleurs argentées et bordés de franges abricot, de belle facture étrangère. Entre les fenêtres était suspendu un rideau à bouillonnés. En fait, je trouvais qu'il était inutile de fermer les rideaux en hiver, tant les nuits étaient longues. Les rideaux étaient si lourds qu'ils étaient difficiles à tirer. Les crochets étaient en plastique rigide, mais lorsque ce matériau vieillit, comme atteint d'ostéoporose, il se brise facilement. Je suggérai à Léna de remplacer ces crochets de plastique par des crochets de cuivre.

« Eh bien, je les changerai pour la Pâque. »

La Pâque est une fête juive traditionnelle qui a lieu à chaque printemps.

Une fois descendue de l'escabeau, je regardai Léna. Debout dans la douce lumière, en chemise de nuit à fleurs bleues, elle me fit penser à un vase de porcelaine ancien. Avec cette silhouette touchante, se pouvait-il qu'elle n'ait pas connu l'amour ? Weina m'avait raconté que, lors de son interview, elle avait consenti à répondre à toutes sortes de questions, excepté celles qui touchaient aux sentiments. Dès que l'on abordait le sujet, elle se taisait.

Je gagnai ma chambre, me couchai, quand soudain je repensai au mégot enflammé que Deming avait lancé vers moi. S'il s'était endormi, l'esprit ailleurs, en oubliant de l'éteindre, il risquait de déclencher un incendie. Même si nous nous séparions, je ne souhaitais pas qu'il lui arrive malheur. Je lui envoyai un bref message : *Tu ne feras de beaux rêves qu'après avoir écrasé ton mégot.* La réponse ne se fit pas attendre : *En ta compagnie, comment pourrait-on faire de foutus beaux rêves ?*

En pleine nuit, je m'envoyai une gifle.

6

La plupart des Juifs de Harbin venaient de Russie. Après la construction de la voie ferrée qui traverse la province du Heilongjiang d'ouest en est, de Manzhouli à Suifenhe, les Juifs affluèrent à Harbin. Certains étaient ingénieurs, techniciens, ou encore enseignants, médecins, rabbins, mais les commerçants étaient les plus nombreux. Les Juifs sont travailleurs, intelligents et naturellement doués pour le commerce. Ils se consacrèrent notamment à l'élevage, à l'exportation de soja, au transport fluvial ; ils créèrent des minoteries, des fabriques de cigarettes, des sucreries, des pelleteries, des brasseries. Quand éclata la révolution d'Octobre et que les soviets s'emparèrent du pouvoir tsariste, puis que la guerre civile fit rage et que la tempête antijuive ne cessa de s'enfler, certains Juifs qui ne supportaient pas les humiliations fuirent à travers la Sibérie jusqu'en Chine. C'est à cette époque-là que la mère et le grand-père de Léna arrivèrent à Harbin. Léna était encore dans le ventre de sa mère enceinte de six mois. Son père, qui était luthier, avait été tué à coups de pierres à Iekaterinbourg par des antisémites.

Léna était née au début des années vingt du siècle dernier, en un temps où le commerce était florissant à Harbin. Son grand-père était bottier et sa mère infirmière. Une fois installés à Harbin, son grand-père exerça son métier dans une peausserie et sa mère travailla dans une association charitable de femmes juives. Ils emmenaient Léna au concert en fin de semaine. Les autres vont au concert pour se réjouir, mais eux y allaient pour s'attrister. Léna ne comprit que lorsqu'elle eut grandi que son grand-père et sa mère l'emmenaient pour honorer la mémoire de son père, grand amateur de musique.

A cinq ans, Léna apprit la danse, et à sept ans la musique. Quand elle eut dix ans, sa mère se remaria avec un Juif venu de Pologne. La construction de la ligne de chemin de fer du Heilongjiang avait nécessité une grande quantité de traverses. Voyant que c'était une excellente occasion de faire des affaires, il s'était lancé dans le commerce du bois et avait fait fortune. A l'époque de son mariage avec la mère de Léna, il était devenu un gros actionnaire de la Banque nationale juive. Après leur mariage, ils eurent un fils. Mais le beau-père de Léna était absent des photos de famille exposées sur la cheminée, alors que son demi-frère y apparaissait. Cet unique frère de Léna avait un air impressionnant de bravoure. D'après la prestance du fils, on pouvait présumer que le père était beau et distingué. Parmi ces photos, il y en avait une dans un cadre différent, un cadre en bronze en forme de losange, bordé de décorations figurant des nuages qui ressemblaient à des portées musicales. C'était le père de Léna. Weina m'avait raconté que lorsque Léna parlait de sa famille, elle était intarissable sur son grand-père éméché chantant les nuits d'été sur la terrasse ; sur sa mère qui, un jour, faisait cuire un poisson, et le chat de la maison, tapi près du fourneau, s'était brûlé la queue ; et sur son petit frère qui, la première fois qu'il s'était lancé sur une patinoire, était tombé et s'était cassé deux dents. Quand on l'interrogeait sur son beau-père, elle répondait sèchement : « Il fumait l'opium, il a mal fini. » Sous-entendu, il en était mort. Après cette mort, le frère de Léna fut emmené par sa tante veuve aux Etats-Unis. Devenu adulte, il exploita une ferme en Californie. Il mourut de maladie à quarante-huit ans et fut enterré sur la terre qu'il aimait, au-delà des mers, à jamais séparé de sa famille. Je remarquai que lorsque Léna essuyait ses photos de famille avec un mouchoir de soie grise, quand elle prenait le cadre de son frère, elle le frottait longuement, sans doute avec le regret que sa vie eût été si brève.

Weina m'apprit qu'un jour où elle accompagnait une délégation d'Israéliens en visite au cimetière juif de Huangshan, dans la banlieue est de Harbin, elle avait eu la surprise de découvrir la tombe de la mère de Léna juste à côté de celle du grand-père, très éloignée de celle de son deuxième mari. Signe, pour Weina, que la mère de Léna n'aimait pas son deuxième époux. Sinon, n'aurait-elle pas demandé par testament que sa fille les enterre ensemble ?

Je n'étais pas de cet avis. C'était Léna qui s'était occupée des obsèques de sa mère. Si elle haïssait son beau-père, il était fort possible qu'elle n'ait pas respecté les dernières volontés de sa mère. De mon point de vue, les liens de parenté qui ne sont pas des liens du sang, ce sont deux cours d'eau que l'on force à se réunir dans le même lit. Naturellement, la chance veut parfois qu'ils rompent les barrières et s'entendent bien ; mais si la chance n'est pas là, les deux suivent leur propre route sans rien avoir en commun. J'en ai moi-même fait l'expérience.

Je suis née dans un village des environs de Keshan. C'est une région fertile, grande productrice de pommes de terre. Les eaux claires de la rivière Wuyuer traversent le village. Ces eaux servent aux habitants de cuvette pour laver leur linge, d'établissement de bains pour leurs ablutions et de réserve de nourriture pour y pêcher poissons et crevettes. Mon père était comptable du comité du village, habile au boulier, et ma mère travaillait la terre. Mon père souffrait de la maladie de Basedow, il était maigre et sec, toujours affamé, et dès qu'il ouvrait les yeux, on le voyait presque sans cesse en train de manger. Il avait les yeux exorbités, une barbe fournie, et lorsqu'il se mettait en colère, je me disais que, si jamais ses yeux tombaient, ils atterriraient dans sa barbe sale qui faisait penser à de l'herbe à cochons. Du plus loin que je me souvienne, ma mère et moi avons toujours été humiliées par mon père. Montrant le nez de ma mère, il la traitait de putain. Il me regardait toujours de travers et il répétait souvent en me tirant les nattes : « Petite bâtarde ! »

Pour un oui ou pour un non, il me battait et me couvrait d'injures, alors qu'il chérissait mon frère aîné. Il ne l'aurait jamais frappé, lui. Les bonnes nourritures et les beaux vêtements étaient réservés à mon frère. Il était gâté mais n'en tirait pas gloire. Dès qu'on lui donnait une friandise, il la partageait avec moi.

C'est de la bouche de ma tante que j'appris avec certitude que je n'étais pas la fille de mon père. Je venais d'entrer à l'école primaire cette année-là, et pendant les grandes vacances, ma tante vint nous voir de Qiqihar. De taille moyenne, avec un visage en forme de citrouille, de petits yeux, un nez aplati, une bouche dissymétrique, relevée d'un côté et tombante de l'autre, une peau épaisse comme celle du porc, elle était particulièrement laide. Elle tenait un étal de vêtements à bas prix au marché de nuit et portait des fripes aux mêmes couleurs voyantes que celles de son étal. Un jour où elle était chez nous, le coq de la maison lui becqueta les pieds, sans doute parce qu'il était jaloux des couleurs qu'elle portait, plus vives que son plumage. Au cours de cette visite, elle remit dix mille yuans à ma mère, avec l'intention de m'emmener pour me faire adopter par une riche famille d'éleveurs de moutons. Il n'y avait que deux fils dans cette famille, et après leur naissance, leur mère avait été opérée de l'utérus, l'adoption d'une fille s'imposait donc. Mais ma mère rendit les dix mille yuans à ma tante en lui disant : « Xiao'e est si jeune, je ne peux pas m'en séparer. » Mon père hurla : « Comment, tu ne peux pas t'en séparer ? A huit ans à peine, elle ne se rendra compte de rien !

— Là-bas, dit ma mère, on n'est pas loin de Keshan, elle a de la mémoire, et tôt ou tard, elle s'enfuira pour revenir chez nous.

— Je lui crèverai les yeux pour qu'elle ne puisse pas se souvenir du chemin du retour. »

Je fus terrifiée par la violence des paroles de mon père et j'éclatai en sanglots. Très calme, ma mère alla chercher dans la pièce voisine des ciseaux qu'elle tendit à mon père en lui disant : « Si tu oses donner Xiao'e à quelqu'un, commence par me crever les yeux. »

Mon père ne prit pas les ciseaux, mais tremblant de fureur, il déclara : « C'est à moi que j'aurais dû crever les yeux. Car le plus grand regret de ma vie, c'est de t'avoir épousée. Avec ton visage de renarde, ta taille souple comme une branche de saule, tes yeux comme des fleurs de cerisier, tes lèvres fines, tes pommettes hautes, si je ne t'avais pas prise, tu aurais fait la pute. Si seulement j'avais écouté ma mère, si je ne t'avais pas épousée à cause de ton air ensorceleur, la paix régnerait dans cette maison. »

Les yeux injectés de sang, mon père continua à invectiver ma mère : « Il y a tant de femmes au village, pourquoi faut-il que ce soit toi que le violeur ait rencontrée ? C'est bien parce que tu dégages une odeur de renarde, sale pute ! »

Ma tante prit les ciseaux des mains de ma mère et dit en lançant force postillons : « Ce n'est pas pour me mêler de ce qui ne me regarde pas, mais si Xiao'e est de sang impur, plus tôt elle s'en ira, plus vite la paix régnera chez vous. Quand elle sera grande, qui sait si elle n'attirera pas le malheur sur toi ? »

Les yeux rouges, ma mère persista : « Tant que je vivrai, ne compte pas la faire adopter. »

Ma tante partit sans moi. Après cela, les ciseaux disparurent régulièrement de la maison : je les jetais dans les toilettes du village, et ma mère était obligée d'en racheter. Quand le vieux vidangeur trouva des ciseaux dans la fosse, il posa la question dans tout le village : « Qui a laissé tomber des ciseaux dans la fosse des femmes ? » Le jour où ma mère comprit que c'était moi la fautive, elle éclata en sanglots et, me prenant dans ses bras, elle m'assura que tant qu'elle vivrait, il n'arriverait pas malheur à mes yeux. Je cessai de faire disparaître les ciseaux.

Ma mère mourut quand j'avais douze ans. Le jour où elle fut mise en terre, je tremblais comme une feuille sous un soleil de plomb. Je savais que sans elle, même s'il n'y avait pas de ciseaux pour me crever les yeux, c'était comme s'ils avaient perdu la lumière.

Mon père se remaria six mois après la mort de ma mère.

Sa femme, une jeune divorcée d'un village voisin, avait dix ans de moins que lui. Elle avait un air charmant mais était de nature paresseuse, frivole et coquette. Elle n'était à la hauteur ni pour les tâches ménagères ni pour le travail des champs. Elle avait la passion du jeu. Quand elle était trois jours sans toucher les tuiles de mah-jong, ses mains la démangeaient. Il n'y avait pas deux semaines qu'ils étaient mariés que mon père ne cessait de se plaindre d'avoir été berné par l'entremetteuse. Cette dernière lui avait assuré que la femme était sage, capable et de haute tenue morale. En réalité, quand elle cuisait des petits pains à la vapeur, elle ne savait pas doser le bicarbonate, quand elle lavait du linge, jamais il n'était impeccable. Le pire, c'est qu'elle ne distinguait pas les mauvaises herbes des pousses de blé. Quand elle allait biner un champ, il lui arrivait de laisser la mauvaise herbe dans les sillons alors que les pousses de blé arrachées gisaient, flétries, au bout du rang. Aussi mon père, qui avait pris l'habitude de se désintéresser de la terre et de jouer au patron, fut-il bien obligé d'aller lui-même aux champs.

Ce que je redoutais, c'était que ma belle-mère rentre à la maison de mauvaise humeur après avoir perdu au mah-jong. Elle n'osait pas s'en prendre à mon père et mon frère, mais c'était le chien et moi qui subissions son humeur. Elle prenait le tisonnier, et pan ! pan ! pan ! tapait sur la tête du chien, l'accusant de regarder à droite et à gauche quand il devait veiller sur la maison (mais quel chien n'aime pas regarder à droite et à gauche ?). Elle se plaignait qu'il n'ait pas surveillé les poules qui étaient entrées dans la maison, avaient sauté sur le fourneau et mangé une bonne moitié du reste de riz (comment le chien attaché à sa chaîne aurait-il pu chasser les poules ?). Elle m'accusait de ne pas avoir tisonné le feu au bon moment, il mourait et fumait, ça lui irritait la gorge. Elle me reprochait d'avoir de la terre sous les ongles, on aurait dit des excréments, ça lui coupait l'appétit. Elle se plaignait que je grince des dents en dormant, ce qui interrompait le chant mélodieux du criquet. En un mot, le chien et moi, nous n'étions bons à rien. Elle punissait le chien en ne lui donnant rien à manger, si bien qu'il n'avait même plus la force d'aboyer pour réclamer sa pâtée. Quant à moi, elle avait mille façons de me punir : parfois elle me donnait à manger du riz aigre ; parfois elle m'envoyait attraper des oiseaux dans la neige en disant qu'elle avait envie d'en manger ; le plus intolérable, c'était quand elle me jetait une culotte toute tachée du sang de ses règles pour me la faire laver. Une année où mes souliers de coton étaient usés, elle promit de m'en acheter une paire de neufs, mais en fait elle n'avait jamais d'argent liquide. Un jour où il neigeait et où elle avait perdu au jeu, elle dit qu'elle allait m'emmener acheter des souliers à condition que je reste debout sur le fourneau brûlant jusqu'à ce que la semelle de mes vieux souliers soit brûlée. Tant que les semelles n'auraient pas disparu, les souliers neufs n'arriveraient pas. Je savais qu'en restant debout sur le fourneau, mes pieds prendraient la couleur du canard laqué ! Je lui lançai un défi, disant que si elle osait rester ne serait-ce qu'une minute debout sur le fourneau, je lui laverais les pieds tous les jours ! Elle se jeta sur moi en me traitant de bâtarde qui osait lui répondre. Elle me renversa par terre et me pinça la cuisse juste au moment où mon frère rentrait. Il saisit le tisonnier avec lequel elle avait frappé le chien et lui donna, à elle, une bonne raclée. Par la suite, elle fut beaucoup plus mesurée à mon égard. Elle cherchait partout une fiancée pour mon frère et répétait que c'était une honte pour un garçon adulte d'être nourri par ses parents. Il devait fonder une famille et vivre avec elle. En fait, mon frère avait une petite amie à l'époque. Le père de la fille était transporteur, et mon frère avait appris à conduire et passé son permis. Il donnait un coup de main en cachette à la famille de son amie. Finalement, il devint gendre adopté, si bien que notre père osa encore moins aller tête haute dans le village. C'est que sa première épouse avait été violée et jusqu'à présent l'affaire n'avait pas été tirée au clair ; la fille qu'il élevait n'était pas de lui, et son fils, par son mariage, était devenu d'un seul coup le fils d'un autre. Sa deuxième épouse, outre tous ses autres défauts, lui faisait porter des cornes. Elle s'était acoquinée avec un certain Yang qui avait ouvert un dispensaire, et dès qu'elle en avait envie, elle faisait semblant d'être malade pour aller faire une séance d'acupuncture. Dans ce cas-là, mon père disait en grinçant des dents : « Vas-y donc ! Et s'il te tue avec ses aiguilles, tant mieux ! » Ma belle-mère ne tenait pas compte de ses paroles et s'en allait, toute guillerette, retrouver son amant.

J'appris peu à peu ce qui était arrivé à ma mère de la bouche de parents et de villageois. Dans le mois de son mariage avec mon père, son beau-père mourut. Sa belle-mère se persuada qu'elle lui avait porté malheur : elle déclara qu'elle avait l'intention de vivre encore quelques années, fit ses bagages et quitta Keshan pour aller habiter chez sa sœur à Qiqihar. Deux ans après son mariage, ma mère donna naissance à un fils. L'été où mon frère eut cinq ans, mon père alla à Harbin pour un stage de deux semaines de comptabilité agricole de base. Six jours après son départ, c'était la fête des Mânes, le quinze de la septième lune. Ma mère alla sur la tombe du grand-père et c'est là qu'elle fut violée. Mais le viol ne fut découvert que lorsque j'avais trois ans. Jusque-là, mon père avait toujours été convaincu que j'étais de lui. Cette année-là, je jouais dehors quand une moto me renversa, je perdis beaucoup de sang, j'étais entre la vie et la mort, il fallait me faire une transfusion, et c'est là que mon père découvrit que mon groupe sanguin était incompatible avec le sien. Je fus sauvée, mais ce fut au tour de ma mère de se trouver en grand danger. Mon père, convaincu qu'elle s'était mal conduite avec quelqu'un du village, concentra ses soupçons sur trois suspects : le secrétaire du Parti, Zhang le vétérinaire et Mu le forgeron. De ces trois-là, le premier détenait le pouvoir, le deuxième était riche et le troisième avait la force pour lui. A ses yeux, quand une femme s'écartait du droit chemin, c'était forcément à cause d'une de ces trois calamités. Il enferma ma mère dans la chambre sans lui donner à boire ni à manger et l'interrogea pendant deux jours et deux nuits sans en tirer un seul mot. Furieux, il exhiba une charge explosive de sa fabrication en annonçant qu'il allait faire sauter tous les suspects. Alors ma mère finit par parler et dit que si je n'étais pas la fille de mon père, j'étais sûrement la fille de son violeur. En vérité, quand j'étais encore dans son ventre, elle ignorait que je n'étais pas de son mari. Car une semaine après le viol, mon père était revenu de son stage et ils avaient eu des rapports normaux d'époux.

Quand il apprit que j'étais la fille d'un violeur, la colère fit perdre le nord à mon père. Tantôt il disait qu'il allait me brûler dans le feu, tantôt qu'il allait me jeter dans la fosse d'aisances du village pour que je serve d'engrais. En un mot, j'étais passée en l'espace d'une nuit de l'état d'enfant innocente à celui d'ordure. Après avoir ainsi soumis ma mère à la question, il emmena mon frère pour faire analyser son sang et vérifier si lui aussi était d'origine douteuse. Grand-mère était encore plus furieuse. En effet, ma mère avait été violée sur la tombe de grand-père, et grand-mère affirmait que cette fripouille avait dû « ramper sur les cendres », autrement dit commettre un inceste avec sa bru. Comme si, dans sa tombe, grand-père avait pu bouger les bras et agiter les jambes ! Elle accabla son défunt mari d'insultes, jurant qu'après sa mort elle refusait que leurs os soient réunis, persuadée que cette tombe était impure. Cependant, j'avais cinq ans quand grand-mère, sentant sa fin prochaine, revint à Keshan pour y mourir. Mon frère m'apprit que, sur son lit de mort, elle avait pris la main de mon père et lui avait dit, accablée : « Enterre-moi quand même avec ce vieux bonhomme. Il s'est mal conduit envers moi, mais ce n'est pas une raison pour que je me conduise mal envers lui. » Le jour des obsèques de grand-mère, on m'enferma dans le grenier, tel un rat qui ne mérite pas de voir la lumière du jour. Je n'eus pas le droit de porter le deuil comme mon grand frère, car mon père estimait que je n'en étais pas digne.

Je grandis accompagnée du mépris de mon père et des villageois. L'année où mon origine fut divulguée, malgré le temps passé depuis l'événement, mon père porta plainte. On m'apprit que, lorsqu'un enquêteur du commissariat était venu à la maison interroger ma mère sur les circonstances de l'affaire, celle-ci avait refusé de coopérer. C'est pourquoi bon nombre de gens pensaient qu'elle avait un bon ami et que l'histoire du violeur n'était qu'une invention.

Lorsque ma mère malade fut proche de la fin, elle m'appela près d'elle et me recommanda de bien travailler, d'oublier mon malheur, en disant que la vie était brève et qu'il fallait en profiter. Mais comment aurais-je pu être joyeuse, surtout devenue adulte, alors qu'il me semblait qu'un sang impur coulait dans mes veines ! Ce qui m'était insupportable, c'était une rumeur qui circulait dans le village, selon laquelle j'étais le fruit d'un commerce de ma mère avec un fantôme, et qu'en fin de compte je n'étais pas un être humain… En effet, le jour du viol, c'était la fête des Mânes et, qui plus est, c'était le crépuscule. C'est lorsque le soleil se couche que les fantômes surgissent.

La plupart des gens se rendent sur les tombes le matin. On racontait que ma mère y était allée en fin de journée, parce qu'en l'absence de mon père, elle avait oublié la fête. Quand elle était revenue des champs après avoir biné les pommes de terre, elle avait vu des tas de cendre provenant des monnaies de papier brûlées au carrefour à l'entrée du village, et elle s'était alors rappelé que c'était la fête des Mânes. Elle s'était précipitée au bazar pour acheter du vin et de la monnaie de papier, puis elle s'était rendue sur la tombe de grand-père. Elle ne se doutait pas qu'elle en reviendrait « enceinte d'un fantôme ».

Malheureux avec sa deuxième femme, mon père était d'humeur sombre. Sa maladie s'aggravait, il faisait de la tachycardie, était constamment essoufflé. Il était maigre comme un clou. Ses yeux proéminents ressortaient comme une balise sur la mer sans vie de son visage. Finalement, il perdit son bon sens, et l'année de mon examen d'entrée à l'université, il se pendit. Certains disaient que des malversations d'argent public avaient été révélées et qu'il s'était suicidé par peur d'être accusé. Effectivement, après sa mort, on ne retrouva pas trace dans les comptes de certaines sommes importantes. Pour d'autres, c'était pour échapper aux souffrances causées par sa maladie et par les écarts de conduite de sa femme.

Avant de mourir, grand-mère avait stipulé que ma mère ne devait pas être ensevelie dans la tombe familiale des Zhao sur la colline de l'est, parce qu'elle était souillée. Aussi, quand elle mourut, mon père l'enterra-t-il sur la colline de l'ouest où se trouvaient les tombes de ceux qui avaient péri de mort violente, ainsi que les morts prématurés et ceux qui n'avaient pas de descendance. A la mort de mon père, mon frère voulut l'inhumer auprès de ma mère puisqu'ils étaient ses parents, mais je m'y opposai fermement. Je craignais qu'enterré près d'elle, il ne continue à la traiter de tous les noms et qu'elle ne soit humiliée dans l'autre monde aussi. Je menaçai mon frère, s'il osait enterrer son père sur la colline de l'ouest, d'aller le déterrer. Finalement, ma tante m'aida sans le vouloir en disant que mon père faisait partie de la famille Zhao et devait naturellement être inhumé dans la tombe des ancêtres sur la colline de l'est.

Tandis que mon père reposait dans la chambre mortuaire, les créanciers des dettes de jeu de ma belle-mère se présentèrent tous à la porte pour réclamer leur dû. Ils savaient que mon père n'était plus là et que le coffre-fort était vide, aussi, sans vergogne, ils voulaient emporter le mobilier de la maison. Ils se jetèrent comme une troupe de criquets sur la télévision, la machine à laver, la bicyclette, l'autocuiseur à riz et les meubles. Ma tante, qui veillait mon père, se mit en colère, elle brandit le harpon qui servait à pêcher l'hiver et, comme un chevalier armé de sa lance, se rua sur les créanciers qui s'enfuirent, effrayés, les uns après les autres. Elle eut des paroles très dures, disant que les jeux d'argent étaient illégaux et que le mot « dette de jeu » était inconnu en ce monde ! Elle fendrait le crâne de quiconque oserait porter la main sur ce qui se trouvait dans la maison de son frère, même si ce n'était qu'une aiguille ou un bout de fil. Ma belle-mère était coriace, mais devant ma tante elle n'était qu'une petite sorcière en face d'une grande sorcière. Finalement, ma tante présenta un testament authentifié de mon père, stipulant que ma belle-mère devait quitter la maison les mains vides. La maison revenait à mon frère, la terre à ma belle-mère, et moi je n'héritais de rien. Rien de plus normal : que le testament fût un faux ou non, je savais bien que mon père, vivant ou mort, ne souhaitait pas que je tire de lui le moindre avantage.

Mon frère, le camionneur, habitait dans sa belle-famille, ma tante jeta donc son dévolu sur la maison inoccupée. Elle mit en location sa maison de Qiqihar et vint s'installer à Keshan avec son mari. Elle ne craignait pas de trimer dur. Elle travaillait la terre en été, pêchait en hiver et élevait des poulets. Ses pommes de terre étaient aussi rondes et dodues qu'elle, elles se vendaient bien.

Mon frère m'a appris récemment au téléphone que l'on mettait en œuvre la nouvelle politique de construction à la campagne. On expropriait des gens de leurs terres pour construire des maisons, et la vieille maison familiale allait être détruite. Les règles d'indemnisation pour la destruction n'étaient pas encore fixées. Ma tante avait proposé à mon frère de partager l'indemnité, pour la simple raison que si elle n'avait pas entretenu la maison, elle se serait écroulée depuis longtemps. Elle avait précisé qu'ils pouvaient ne pas partager l'indemnité, à condition qu'il lui rembourse les frais de réparation de la maison : elle avait dépensé soixante mille yuans. Mon frère m'a dit qu'elle s'était contentée de changer deux fenêtres. Il était furieux : les fenêtres étaient-elles dorées à l'or fin, par hasard ?

7

Depuis que j'ai quitté Keshan pour entrer à l'université, je n'ai parlé à personne de mes origines. Mon frère m'a recommandé, quand j'aurais un amoureux, de ne surtout pas lui en parler. Il y avait de quoi faire fuir un homme. Comme si tu perdais ton innocence du seul fait d'être née d'un violeur.

Je hais celui qui m'a engendrée. C'est lui qui nous a plongées, ma mère et moi, dans un abîme de malheur. Si ma mère était encore vivante, je prendrais mon courage à deux mains pour lui demander des précisions sur les circonstances du viol. Le crépuscule tombait, la lune n'était pas levée, d'accord, mais à cette heure-là, il ne pouvait pas faire nuit noire. Elle devait avoir remarqué sa silhouette, sa taille et sa corpulence, les contours de son visage, sa voix et même son haleine. Il était impossible qu'elle n'en ait gardé aucune impression.

Quand je naviguais sur Internet, je fréquentais régulièrement les sites de la police. Je scrutais les photos de ceux qui, d'après leur âge, auraient pu être mon père, pour voir si je leur ressemblais. Parfois, en les regardant, dans un moment d'égarement, j'oubliais mon propre visage. J'avais toujours sur moi un miroir de poche. Il ne me servait pas, comme aux autres filles, à me faire les sourcils ou me mettre du rouge à lèvres, mais à me dévisager furtivement quand j'observais les photos des criminels, pour me comparer à eux.

J'estimais que le violeur de ma mère ne pouvait pas habiter bien loin de notre village. Il devait être de la région de Keshan et sa famille devait être enterrée sur la colline de l'est, sinon pourquoi aurait-il surgi parmi les tombes le jour de la fête des Mânes ? Aussi, quand je revenais au village pour les grandes vacances, me rendais-je discrètement sur cette colline, et comme un chercheur menant une enquête de terrain, je relevais sur un cahier les noms inscrits sur les stèles, rangée par rangée. Je ne découvris rien d'anormal, tous les morts étaient de notre village.

N'ayant ainsi trouvé aucun fil conducteur sur les tombes, je prospectai trois villages voisins, pour m'informer sur d'éventuels violeurs. Là encore, je fis chou blanc. Dans les trois villages, en trente ans, il n'y avait eu qu'un vol à main armée, et le malfaiteur était plus jeune que moi.

Quand je ne dormais pas la nuit, je laissais mon esprit battre la campagne. Si vraiment, comme on le disait dans le village, j'étais née d'une rencontre de ma mère avec un spectre, j'étais mi-humaine mi-revenante. Quand j'étais profondément endormie, est-ce que mon côté spectre se manifestait ? En quoi me transformais-je ? En renarde rouge ? En serpent vert ? En diablesse mangeuse d'hommes ? Tous ceux qui communiquaient avec diables et démons me ramenaient à mon sort. Une fois où je passais la nuit chez Song Xiangkui, je rêvai que j'étais métamorphosée en un gros poisson au corps couvert d'écailles. Quand je me réveillai, angoissée, je lui demandai : « Est-ce que j'ai des écailles ? Regarde bien ! » Encore tout ensommeillé, il me regarda, serra dans ses bras mon corps nu et me dit tendrement : « Tu as la peau douce, sans la moindre écaille. Si tu en avais vraiment, c'est ça qui serait bien. Jamais je n'ai mangé d'un aussi gros poisson. » Mais, toujours affolée, je m'arrachai à ses bras pour courir jusqu'au miroir de la salle d'eau. Là, j'écarquillai les yeux pour m'examiner sous toutes les coutures. L'appartement de Song Xiangkui avait beau être ancien, la salle d'eau était assez luxueuse, vaste, avec une fenêtre donnant vers l'est. La clarté de l'aube teintait le miroir d'un jaune laiteux, et ma silhouette était celle d'une adolescente à la peau satinée, sans le moindre défaut. Mais je sentais comme un goût de poisson dans ma bouche et je croyais entendre les vagues déferler dans mon dos. Je me mis à pleurer.

Mon altercation avec Deming m'avait bouleversée. Nos relations étaient passées de la passion à la glace, nous ne communiquions plus. Je m'efforçais de me dominer, de ne pas penser à lui, mais la semaine de Noël et du Nouvel An, je sombrai dans le cafard. Je songeai à son voyage à Lanzhou avec son vêtement funéraire. Peut-être lui était-il arrivé malheur. J'allai sur Internet chercher si, dans la période où il était là-bas, il y avait eu des accidents et qui en avait été victime. Après avoir écarté la possibilité d'un décès au loin, je m'orientai vers les événements qui avaient causé des morts imprévues à Harbin et je les analysai. Je téléphonai même à Liling, une camarade d'université que j'avais perdue de vue depuis longtemps, parce que son père travaillait au funérarium de Huangshan. Je lui demandai si, dans la liste des morts incinérés ces derniers temps, figurait le nom de Ji Deming.

Si on se ronge d'inquiétude pour un amoureux après une rupture, cela ne peut vouloir dire qu'une chose, c'est qu'il a laissé dans votre cœur un flux d'amour.

C'était vraiment désespérant !

Léna avait senti que quelque chose clochait avec mon amoureux. La veille du Nouvel An, après avoir soigné ses plantes, elle entra dans ma chambre, tout imprégnée du parfum des fleurs. « Xiao'e, me dit-elle, si tu n'as pas de rendez-vous demain, nous pourrions aller ensemble à l'hôtel Moderne vers trois heures pour un repas occidental.

— D'accord. Je n'ai pas de rendez-vous. »

En vérité, je n'aime pas la cuisine occidentale. Sans parler de son prix élevé, elle accorde trop d'importance au décorum. Plusieurs séries de couteaux et de fourchettes disposés devant vous, ça ne vaut pas l'air familier des baguettes de bois ou de bambou. Surtout quand il faut s'en servir pour venir à bout d'un steak à moitié cru. Quand je vois ce sang suintant dans l'assiette, je me figure toujours que j'ai un bistouri en main et que le sang qui ruisselle vient d'un organe malade que j'ai opéré. Cela me soulève le cœur. Je préfère les plats classiques et roboratifs que servent les petits restaurants chinois à des prix raisonnables.

Le matin du Nouvel An, je sortis manger un bol de nouilles dans le quartier, puis j'allai chez un fleuriste acheter un bouquet d'œillets rouge vif et un de lisianthus jaunes. De crainte que les fleurs ne gèlent, j'avais mis exprès une veste ouatée trop grande, pour les protéger contre ma poitrine, et j'avais bouclé une ceinture autour de ma taille pour qu'elles ne risquent pas de glisser.

Quand Léna me vit rentrer, la poitrine gonflée et le ventre imposant, elle ouvrit de grands yeux. Lorsque je déboutonnai ma veste pour faire surgir les fleurs, elle s'exclama : « Ah ! Jeune fille qui rêve de printemps ! »

En plus des fleurs, je lui offris une paire de genouillères en cachemire. Elle aussi m'avait préparé un cadeau, une écharpe angora couleur cerise. Elle me dit que l'écharpe sur mon pull blanc ajusté serait comme des fleurs de prunier rouges sur fond de neige. Elle avait enseigné la musique et la peinture, deux arts sans aucun doute intimement liés depuis toujours. Elle qui était passée de l'un à l'autre en avait été imprégnée au point d'être elle-même comme un tableau ou une volée de notes. Je lui appris que je n'avais jamais vu de fleurs de prunier. A Keshan, ce que j'avais souvent vu, c'étaient des chrysanthèmes sauvages et des fleurs de pommes de terre dans les champs. Sur la tombe de ma mère, il y avait une profusion de chrysanthèmes, des jaunes, des blancs et des violets. Tout en mettant mes fleurs dans un vase, Léna me demanda comment ma mère était morte et depuis combien de temps. Je lui racontai qu'elle avait succombé à une maladie quand j'avais douze ans. « Oh ! soupira Léna tout en disposant les tendres fleurs de lisianthus. As-tu eu une belle-mère ? » Je hochai la tête et précisai qu'après son remariage, mon père s'était suicidé et que sa seconde épouse s'était remariée, devenant du coup la belle-mère de quelqu'un d'autre.

Me regardant avec compassion, elle soupira : « Les belles fleurs ne durent pas longtemps… » Craignant de m'avoir attristée, elle me raconta comment, à vingt ans, elle était allée à Suzhou admirer les fleurs de prunier. « Au troisième mois, quand Harbin n'est encore que neige et glace, on sent déjà là-bas la caresse d'un vent printanier. » Quand Léna baignait dans cette mer de neige parfumée, il était justement tombé une averse de neige. Elle s'était dit que le Ciel trouvait les jardins en fleurs trop discrets ; il avait donc semé de grandes fleurs blanches à profusion. Parmi cette mer de fleurs, les plus éclatantes étaient les rouges, semblables à des lampions ; les plus raffinées étaient les violettes, semblables aux broderies sur les vestes des femmes ; mais les plus touchantes, c'étaient encore les blanches. Aux yeux de Léna, les fleurs de prunier blanches étaient les plus proches de l'âme. Les empereurs Kangxi et Qianlong étaient allés plusieurs fois dans le Sud admirer les fleurs de pruniers, et Léna pensait que c'était pour se pénétrer de leur génie. Quand elle parlait des fleurs de prunier, je ne sais pourquoi, les yeux de Léna s'embuaient. Les histoires de fleurs dont parlent les femmes sont la plupart du temps teintées de nostalgie.

Je me souviens que, tandis que je cherchais à changer de sujet, je reçus un coup de téléphone du vieux concierge de l'agence, m'annonçant qu'il venait de réceptionner un paquet express pour moi et me demandant de venir le chercher. J'en profitai pour abandonner Léna à sa mélancolie.

La mélancolie a sa beauté, une beauté que l'intéressée doit savourer dans la solitude.

Je n'ai comme proche parent en ce monde que mon frère aîné. J'ai bien un oncle et une tante, mais ils ont pris leurs distances avec moi. Chaque fois que je rentre au village pour aller sur la tombe de ma mère, je loge chez mon frère. D'après les gens du village, dès que j'arrive, ma tante se calfeutre chez elle comme à l'approche de l'ennemi. Ses poules et ses canards sont brimés par ma faute, ils perdent la liberté de sortir à la recherche de leur nourriture. Ma tante dit aux gens : « Quand un chien sent l'odeur d'un os, comment pourrait-il s'éloigner ? » Dans son esprit, si je poussais la porte pour entrer chez eux, comme un chien galeux, je pourrais m'installer pour ne plus repartir. Mais ce qu'elle ignore, c'est que je n'ai aucune envie de franchir le seuil d'une maison dont je garde trop de pénibles souvenirs.

Sur le chemin de l'agence, je téléphonai à mon frère pour lui présenter mes vœux. Dans la conversation, il ne mentionna aucun paquet, l'expéditeur devait donc être quelqu'un d'autre. Tandis que je parlais à mon frère, ma belle-sœur glissa une question : « Xiao'e, quand viendras-tu nous voir avec ton futur ? » Je répondis qu'il était trop tôt. Elle me recommanda à mi-voix : « Quand tu auras un amoureux, surtout ne lui parle pas de tes origines, n'oublie pas, ne fais pas cette bêtise ! » Ma belle-sœur est une femme honnête et bonne. Quand mon frère a pris mes études à sa charge, elle n'a pas eu un seul mot de protestation, ce qui lui a gagné mon estime. Pourtant, sa recommandation bien intentionnée m'attrista. En marchant dans les rues où régnait une ambiance de fête, je sentis comme des nuages noirs peser lourdement sur ma tête.

Jamais je n'aurais imaginé, même en rêve, que le nom de l'expéditeur du paquet serait Chen Erdan. Depuis nos adieux à la gare, nous avions cessé toute relation. Quand j'emportai le paquet vers mon bureau, c'était comme si je tenais à bout de bras un cœur ramené à la vie. J'étais un peu perdue, comment pouvait-il connaître l'adresse de mon lieu de travail ?

A cause des trois jours de vacances du Nouvel An, il n'y avait que quelques journalistes de service et tout était calme. Je posai le paquet sur mon bureau et sortis une paire de ciseaux, impatiente de l'ouvrir. Surgirent un paquet de pousses de bambou, puis un autre de viande de porc séchée. Comme ce n'est pas la nourriture qui m'intéressait, je renversai le contenu du paquet sur le bureau et je finis par trouver une mince enveloppe de papier brun. Elle n'était pas fermée, j'en sortis une lettre. Toute froissée, écrasée par les victuailles, elle avait triste mine. Sans en-tête ni signature, elle était brève.

J'ai appris de nos camarades de l'université que tu t'en tirais pas mal, avec un travail stable, un amoureux, je suis vraiment heureux pour toi ! Grâce à mon diplôme, j'ai un poste dans les bureaux du canton. Le travail n'est pas fatigant, mais il est éprouvant pour la digestion. J'ai grossi de dix kilos, j'ai un foie d'alcoolique ! Je suis marié, ma femme est institutrice dans l'école du village. Elle a deux ans de plus que moi, pas jolie, rondelette, mes parents apprécient sa douceur, ses talents de ménagère et son refus de se mêler des affaires des autres. Nous venons d'avoir une fille, elle n'a pas encore fait ses dents. Ma mère voudrait que nous ayons un autre enfant, elle dit qu'une famille sans garçon est imparfaite. Il va donc falloir que je transgresse la règle de l'enfant unique ! Je me suis mis à fumer l'an dernier, deux paquets par jour ! Si on veut un autre enfant, il faut que je cesse de fumer, mais je n'y arrive pas. Le soir, quand je ne parviens pas à m'endormir, je fume et je pense souvent à toi. As-tu un peu grossi ? Est-ce que tes cheveux sont toujours aussi rebelles ? Je t'envoie un assortiment de nos spécialités locales, dis-moi ce que tu préfères, je t'en enverrai chaque année. Te souviens-tu de

Dadan, mon frère aîné ? Il y a deux ans, il a acheté un billet de loterie et a gagné plusieurs centaines de milliers de yuans. En l'espace d'une nuit, il est sorti de la pauvreté ! Nous vivons beaucoup mieux qu'avant. Si tu as l'occasion de venir dans le Sud, viens faire un tour chez moi, je t'accompagnerai.

Au bas de sa lettre, Chen Erdan avait ajouté son numéro de portable.

La lettre lue, je fis l'inventaire des cadeaux. Outre les pousses de bambou et la viande séchée, il y avait du gingembre rouge, des noix d'arec, du thé vert, des fèves salées et des graines de lotus. On sentait confusément la saveur du village de Chen Erdan qui imprégnait tous ces produits. J'ouvris un sachet de gingembre et j'en sortis un morceau dont je déchirai un fragment que je mis dans ma bouche. Il paraît d'abord âcre, mais quand on le savoure patiemment, il devient doux. Toutes ces nourritures étalées sous mes yeux firent ressurgir des souvenirs du passé. Je cherchai à me représenter Chen Erdan avec de l'embonpoint, mais sans y parvenir. Je savais qu'il était pour moi comme du gingembre en saumure dont on n'arrive plus à discerner le goût. Je roulai la lettre en boule et la jetai dans la corbeille à papier. Je laissai la viande séchée, les pousses de bambou et les fèves salées au bureau pour en faire cadeau à Weina, puis je fourrai le reste dans l'emballage afin de le partager avec Léna.

Assaillie par un vent froid en sortant du bureau, je fus saisie de tristesse. Dans les rues illuminées et décorées déambulaient des passants à l'air joyeux, mais moi je pleurais. Mon paquet dans une main, j'essuyais mes larmes de l'autre, en me disant : « Qu'as-tu donc à pleurer ? » Mais les larmes ne m'obéissaient pas, elles continuaient à glisser sur mes joues. On dirait que, par moments, le cœur et le corps sont séparés.

Craignant que Léna ne s'aperçoive que j'avais pleuré, j'allai me passer de l'eau sur le visage dans les toilettes d'un supermarché et je ne rentrai qu'une fois calmée.

Midi, c'était l'heure où Léna priait dans sa chambre. Je portai le paquet dans la cuisine, fis chauffer de l'eau, et après l'avoir fait reposer quelques minutes, j'ouvris le paquet de thé vert de Chen Erdan et en fis infuser une théière, puis je disposai deux morceaux de gingembre et deux noix d'arec dans une soucoupe. J'allai poser le tout sur la petite table à côté du piano. Quand Léna avait terminé ses prières, elle aimait s'asseoir là pour boire une tasse de thé.

C'était la première fois que je lui préparais du thé.

Je retournai dans ma chambre répondre à quelques messages de vœux adressés par des collègues, et prise d'une indicible fatigue, j'éteignis mon portable et m'endormis profondément. Je rêvai d'abord d'un ballon qui montait dans le ciel et qui disloquait un nuage ; puis je vis les plantes aromatiques cultivées par Léna se transformer en cactus hérissés de piquants ; puis, le Songari en crue et Harbin devenu un marais, nous attendions, Léna et moi, que l'on vienne nous secourir. Au moment où Léna vint me réveiller, j'étais en train de préparer un poisson en sauce aigre-douce et j'appelais Léna pour qu'elle y goûte. Quand je la vis brusquement, toujours préoccupée par mon plat, je lui demandai, à demi consciente : « Est-ce que c'est bon ?

— Pas mal. A l'heure actuelle, on ne trouve plus de bon thé vert, mais celui-ci est tout frais, et le gingembre aussi, plus on le mâche, plus la saveur s'exalte. Mais le fruit sec, c'est un peu déroutant. »

Je me redressai, revenant à la réalité : « Ce sont des noix d'arec. Moi non plus, je n'y suis pas habituée. »

Léna m'avait réveillée car il était bientôt l'heure d'aller à l'hôtel Moderne. Il fallait une dizaine de minutes pour s'y rendre à pied, mais comme Léna marchait avec peine et que, par ce froid, les rues étaient glissantes, il valait mieux en compter vingt. En outre, quand elle sortait, Léna accordait de l'importance à son apparence. Quand elle descendait chaque jour boire un café au rez-de-chaussée, elle était toujours bien mise, et pour aller à l'hôtel Moderne encore plus.

Léna m'ordonna : « Débarbouille-toi, mets ton pull blanc et va t'asseoir sur le tabouret du piano pour que je te maquille. »

Je lui obéis et j'allai m'installer sagement là où elle me l'avait dit. Elle s'approcha avec son coffret de maquillage. Elle commença par une couche de crème de beauté, puis me poudra légèrement et dessina mes sourcils. Après avoir imprégné son peigne de mousse, elle mit mes cheveux en plis en deux temps trois mouvements. Posant le coffret sur le piano, elle prit l'écharpe angora rouge, la drapa et me la noua autour du cou. « Et voilà… » Elle me dit de me regarder dans la glace et alla se préparer.

A vrai dire, je ne croyais guère qu'en sept ou huit minutes de maquillage léger, elle puisse changer ma mine. Je restai assise, figée, un bon moment, avant de lever les yeux sur le miroir.

Je suis abasourdie ! Je me découvre comme une aurore… M'est-il jamais arrivé d'avoir l'air aussi fraîche, aussi éclatante ? Le pull blanc banal, grâce à l'écharpe que Léna m'a offerte, resplendit comme pour accueillir mille feux de l'aurore ! Ma coiffure est à la fois sobre et délicate, en parfaite harmonie avec mon maquillage. Mon air triste ajoute quelque chose d'émouvant à mon visage. Tandis que je m'observe fixement, je retrouve peu à peu ma bonne humeur.

Je découvre que, pour une femme, le soin apporté à son apparence est un antidote efficace à la morosité.

Léna mit longtemps à se préparer, elle ne sortit lentement de sa chambre qu'au bout d'une demi-heure. Elle comprit sûrement, à mon regard admiratif, qu'elle était d'une beauté saisissante, car je vis passer dans ses yeux un éclair d'ivresse. Cependant, elle dit avec quelque ironie : « En fin de compte, impossible de rivaliser avec la jeunesse. Chez toi, le fond est bon, et quatre à cinq minutes suffisent pour te rendre resplendissante. Moi en revanche, il me faut tout ce temps sans parvenir à dissimuler mon air de vieille dame. »

Elle portait une longue robe droite en lainage noir. Elle avait épinglé sur le côté gauche du col une fleur de cristal en forme de flocon de neige qui étincelait. On aurait dit qu'elle avait épinglé la jeunesse. Elle qui se coiffait d'habitude avec un chignon au sommet de la tête avait ce jour-là tressé ses cheveux en une natte lâche qui lui tombait dans le dos, terminée par un nœud de satin brun. Ses pattes d'oie étaient presque invisibles sous une épaisse couche de poudre. Elle avait fardé ses cils qui se recourbaient de façon touchante et mettaient en valeur ses yeux pétillants, tels deux jades doux et translucides.

Je ne puis m'empêcher de la serrer dans mes bras : « Comme vous êtes belle… » Tout en me tapotant le dos, Léna me dit avec enthousiasme : « Au Nouvel An, toutes les femmes sont belles ! »

Si la grand-rue est l'épine dorsale de Harbin, l'hôtel Moderne en est l'âme. Cet hôtel qui existe depuis un siècle est toujours l'édifice le plus à la mode de la rue, ce qui prouve que la mode véritable ne craint pas le temps qui passe. La façade est en quelque sorte une peinture de paysage d'un style original : les fenêtres et les élégants balcons sont autant de montagnes qui s'étagent ; sous les balcons, les volutes des consoles sont des nuages flottant entre les montagnes ; le rebord du toit est une rivière aux remous scintillants, et la coupole est une lune vert sombre. Chaque fois que je passe devant, je le contemple longuement, comme s'il avait été mon amoureux en d'autres temps, et je ne puis dire l'émotion que je ressens.

Quand Léna et moi prîmes place au restaurant occidental du rez-de-chaussée, le soleil avait déjà perdu de sa vigueur. Nous étions juste après Noël, et derrière les portes-fenêtres donnant sur la grand-rue se dressaient encore des silhouettes de dessins animés du Père Noël et de son traîneau. D'habitude, l'heure du déjeuner passée, il n'y avait pas grand monde. Mais pour le Nouvel An, chaque restaurant du quartier tournait sans discontinuer, tels les moulins à prières devant le Potala.

Léna avait réservé la meilleure table du restaurant, près d'une fenêtre dans l'angle sud-ouest. La table était couverte d'une nappe d'un blanc immaculé, ornée d'une rose rouge dans un soliflore. Léna commanda du foie gras pour moi et un steak au poivre pour elle, accompagnés de légumes en salade et de cornichons à la russe, ainsi qu'une bouteille de vin rouge italien. Elle ne commanda pas de bortsch, disant que celui qu'elle préparait était meilleur. Quand le serveur eut versé le vin dans les verres à pied, Léna le huma et s'extasia : « C'est un arôme qui vous va droit au cœur… » Après l'avoir laissé reposer un moment, nous levâmes nos verres de concert pour nous souhaiter une bonne année. Lorsqu'elle eut bu un demi-verre, Léna s'anima. Désignant le restaurant occidental Huamei, de l'autre côté de la rue, elle m'apprit que, comme l'hôtel Moderne, il avait été fondé par des Juifs. Il s'appelait autrefois le salon de thé Mars. Quand elle était petite, elle y allait souvent acheter des bonbons. Le maître confiseur, monsieur Wu, confectionnait des bonbons acidulés frais et parfumés, et ses caramels étaient tendres et doux, délicieux, mais hélas ! son savoir-faire s'était perdu. Pendant la Révolution culturelle, le nom du magasin, Huamei, qui signifie Prunier fleuri, était devenu Restaurant antirévisionniste… En pointant le doigt vers son nez, Léna ajouta avec ironie : « Ils étaient contre les nez comme le mien ! » Et nous éclatâmes de rire en même temps. Bien qu'elle gardât un souvenir attendri de Huamei, elle préférait l'hôtel Moderne. Quand elle était jeune, elle avait dansé en ce lieu. La salle de bal était magnifique, elle l'emportait à l'époque sur celle du Nouveau Monde qui avait pourtant grande réputation. Son regard était d'une extraordinaire douceur quand elle en parlait. Quant à moi, tout ce que je savais de cet hôtel, c'est que son fondateur était Joseph Gainsbourg et que son fils Simon faisait des études de piano au Conservatoire à Paris. Quand il était revenu à Harbin voir son père dans l'été 1933, il avait été enlevé, ses ravisseurs lui avaient coupé l'oreille puis l'avaient liquidé. Quand elle en parlait, l'humeur de Léna s'assombrissait. Elle me dit que sa mère connaissait bien Joseph Gainsbourg. Le cœur brisé par la mort de son fils, il avait fini par quitter la ville qui lui avait permis de s'enrichir mais lui avait apporté un immense chagrin.

J'aurais voulu demander à Léna avec qui elle avait dansé à l'époque, mais mon intuition me disait que la questionner sur son cavalier reviendrait à la questionner sur ses amours et son chagrin. Il ne fallait pas.

Quand le plat principal fut servi, le ciel s'assombrissait. Dans la salle, les lustres s'allumèrent. Après avoir fini son steak, Léna s'essuya la bouche et me demanda pourquoi, ces temps-ci, je ne voyais plus mon ami. Sans rien lui cacher, je lui dis que j'avais découvert des préservatifs et un costume funéraire dans sa valise.

« Il part en voyage avec son costume funéraire ? » me demanda Léna en ouvrant de grands yeux incrédules.

Je hochai la tête et lui dis que je faisais sans cesse des cauchemars depuis que j'avais trouvé ce vêtement.

Avec un regard de sympathie, Léna leva son verre vers moi. Tandis que nous trinquions, elle murmura : « Un homme ne devrait pas causer des cauchemars à une femme. »

Telle était sa réaction vis-à-vis de mes amours avec Deming.

Il faisait nuit noire quand nous rentrâmes. Après s'être lavée et démaquillée, Léna retrouva son visage habituel, marqué par une immense fatigue. Malgré tout, elle n'omit pas ses habituelles prières du soir.

Lorsque je dénouai à regret mon écharpe rouge cerise, mon portable émit un signal de message. Il venait de Deming : *Est-ce toi qui, de bon matin, achetais des fleurs ? Est-ce toi qui pleurais dans le vent glacé, un paquet dans les bras ? Est-ce toi qui, en compagnie d'une vieille dame étrangère, t'es rendue à l'hôtel Moderne pour déjeuner ? Si c'est toi, réponds-moi !*

Je versai des larmes de joie, mais ma réponse contenait un reproche : *Tu me suis, tu n'as pas honte ?*

La réponse ne tarda pas : *Je poursuis l'amour, c'est noble !*

A mes yeux, ces quelques mots étaient comme le rameau d'olivier du Nouvel An.

8

Au moment où je me réconciliais avec Deming, Weina et son mari allaient se séparer.

Lin Xu, le mari de Weina, était neurochirurgien à l'hôpital associé à l'université de médecine de Harbin. C'était un bel homme, grand, le visage carré, d'épais sourcils, un regard perçant, des lèvres souples alliant force et douceur. Quand j'étais entrée à l'agence, j'avais des maux de tête intolérables. J'avais consulté deux hôpitaux qui n'en avaient pas trouvé la cause. Weina m'emmena voir son mari. Chose étrange, à peine entrée dans l'hôpital, quand j'eus serré la main du docteur Lin, mon mal de tête disparut. Je dis à Weina en plaisantant que la main de son mari était un antalgique. Elle devait le surveiller de près, sinon il risquait d'être enlevé par une malade. Weina me répondit, à la fois despotique et tendre : « Pas de chance ! Ces serres du diable, je suis la seule à qui elles peuvent s'en prendre ! » La prétention de Weina n'était pas sans fondement. A l'université, elle dominait les autres par son intelligence et sa beauté. Elle avait une foule d'admirateurs, et Lin Xu était le prince au cheval blanc qu'elle avait choisi entre tous ses soupirants.

Mais ce prince charmant ne se contentait pas de galoper dans sa plaine, il foulait une autre verte prairie. Il était tombé amoureux d'une de ses patientes, de onze ans plus jeune que lui, étudiante en peinture à l'école des beaux-arts, qui souffrait d'épilepsie.

Weina ne parvenait pas à comprendre que Lin Xu, qui avait une épouse séduisante et un fils adorable et plein de vie, s'intéresse à une patiente au visage banal ! Quand elle eut en main la photo de son mari et de cette femme prise à la sauvette par un détective privé, elle devint folle de rage. Elle se défoula au téléphone : « Cette fille est plus laide que toi, elle est maigre comme un chat errant, Lin Xu est vraiment fou ! »

Le charme de Weina, c'est qu'elle ne dissimule pas ce qu'elle pense. Quand elle me dit cela, je me mis à rire : « Merci pour le compliment… » Weina s'écria : « Xiao'e, je suis en plein drame, et toi, tu ergotes ! »

Je frappai chez elle vers midi. Vêtue d'une chemise de nuit de soie pourpre, elle m'ouvre la porte, le regard vague de quelqu'un qui a bu. Je suis à peine assise qu'elle lance : « Hé là ! » et, ôtant sa chemise, elle se tourne légèrement de profil, les mains le long des cuisses dans une pose gracieuse de mannequin : « Xiao'e, est-ce que ce corps n'est pas assez beau ? » En vérité, j'ai vu bien des corps de femmes nues dans les bains publics, mais pas un seul n'est sans défaut. Weina, c'est autre chose. A l'instant où elle ôte sa chemise, le salon plutôt sombre s'éclaire brusquement. Telle une flamme, Weina brille de tous ses feux.

Je soupire : « En face d'un corps aussi parfait, les filles comme moi ne sont que des produits de second ordre. Pas étonnant que nous ne soyons pas faciles à marier. Quelle chance il a, le docteur Lin, et il ne s'en rend même pas compte !

— Et ce corps a mis au monde un enfant. »

Après avoir étalé ses charmes, Weina remet sa chemise de nuit, allume une cigarette et dit, non sans fierté : « Quand j'étais jeune fille, j'étais bien plus belle que maintenant ! Moi, je n'ai pas abîmé Lin Xu. La première fois qu'il m'a prise, il n'était pas dans le vif du sujet depuis trois minutes que déjà il en sortait. Mon corps le mettait en feu, en un clin d'œil il a fait boum ! »

En riant à gorge déployée, elle me lance le paquet de photos prouvant l'infidélité de son mari : « Regarde-moi cet animal ! Il disait qu'il était de service de nuit, alors qu'il traînait avec cette petite aguicheuse. Dis-moi, qu'est-ce qu'elle a de mieux que moi ? »

Cette fille a l'air chétif, de petits yeux et un petit nez, une bouche en croissant de lune, de longs cheveux noirs qui flottent librement dans le dos. On ne peut pas dire qu'elle soit jolie, mais elle possède une grâce indéfinissable, elle est attirante. Pourtant je n'ose pas dire à Weina ce que j'en pense.

« Qu'as-tu l'intention de faire ?

— Lin Xu parle de divorcer, il dit qu'il quittera la maison les mains vides, mais il réclame son fils. Il rêve ! Comment pourrais-je laisser mon fils à une mère pareille ? Et si, dans une crise d'épilepsie, elle étrangle le petit, tu te rends compte ! »

Elle éteint sa cigarette et se met à tousser.

« La plupart des hommes qui divorcent, lui dis-je, ne veulent pas se charger d'un enfant. S'il réclame Linlin, c'est qu'il a le sens des responsabilités. »

Linlin est ce que Weina et Lin Xu ont de plus précieux. Il vient d'entrer à l'école primaire. Il est plus petit que les enfants de son âge, on dirait un enfant miniature. D'un esprit vif et espiègle, il bégaie un peu. Quand il m'appelle « E'yi », tante E, j'entends « Oh ya », c'est trop drôle !

« Cette petite aguicheuse a un air maladif, elle ne doit pas pouvoir avoir d'enfant. En réclamant Linlin, ils veulent m'enlever mon œuvre. A moins qu'ils fassent semblant de vouloir le petit pour montrer leurs nobles sentiments, et si j'accepte de le leur confier, ils trouveront un prétexte pour le refuser. J'ai souvent entendu parler de ce genre de chose ! »

Weina s'égare. Elle allume une autre cigarette.

« Si le docteur Lin ne réclame ni la maison ni la voiture, qu'il t'abandonne tous ses biens, cela montre qu'il a encore des sentiments pour toi.

— Il est sans scrupules ! » Après quelques bouffées de cigarette, Weina poursuit : « D'ailleurs, il est le pilier du service de neurochirurgie de l'hôpital. Tu sais ce que c'est qu'un premier violon ? Dans la fosse d'orchestre, outre la direction, c'est lui qui détient le pouvoir. Lin Xu est le meilleur du service, comme un premier violon. Il fait au moins deux opérations par jour. Les opérations du cerveau, ce n'est pas aussi simple que l'ablation des amygdales ou de l'appendice. La famille du malade n'hésite pas à donner une grosse enveloppe rouge. Je ne te cache pas que pour une petite opération, cela peut aller chercher dans les trois cents à cinq cents yuans. Mais quand il s'agit du cerveau, la famille du malade est dans l'angoisse et elle donne facilement huit cents à mille yuans au chirurgien. C'est grâce à lui que le service de neurochirurgie prospère, de même que c'est grâce à lui que notre famille prospère. Sans les gratifications que Lin Xu reçoit, crois-tu que nous aurions pu avoir la maison et la voiture ? S'il s'en va les mains vides, grâce à son art, il se renflouera en trois à cinq ans. Je ne peux quand même pas offrir ces mains en or sur un plateau à cette petite enjôleuse. »

A t'entendre, ta maison est bâtie sur le sang des patients… me dis-je, et j'ai brusquement l'impression que la pièce est remplie de pus mêlé de sang. Devant mes yeux brille une lumière rouge, mon nez me démange, mon estomac se retourne et j'ai un haut-le-cœur.

Tout à sa colère, Weina ne remarque pas mon malaise. Elle déclare que, même s'ils divorcent, elle ne lâchera pas facilement Lin Xu. Elle sapera sa vie avec cette fille. « De toute façon, aux yeux de la loi, il est toujours mon mari. Je sais où se trouve leur nid de débauche. Quand il ne rentrera pas le soir alors qu'il n'est pas de service, j'irai là-bas passer la nuit avec eux ! S'ils ne m'ouvrent pas, je jouerai du gong ! Mon père a été joueur de gong autrefois pour le *yangge,* la danse du repiquage, et il m'a légué un grand gong de cuivre, voilà un usage tout trouvé ! »

Elle projette de les torturer, de ruiner leur réputation, de les dégoûter de leur vie commune, pour qu'ils finissent par rompre, et quand il reviendra vers elle, elle le chassera d'un coup de pied.

« Puisque finalement vous divorcerez, pourquoi ne pas le laisser partir dès maintenant ?

— Ce serait vraiment lui faire la part trop belle. »

Weina m'avait toujours paru une forte personnalité, une femme posée, je ne l'aurais pas crue si égoïste et étroite d'esprit. On dirait que dans les rapports de couple, quand on se déchire, on régresse de l'état d'animal doué de sentiments à l'état de marchandise, parce que les sentiments ne sont pas plus ou moins chers, mais les marchandises le sont.

Quand Weina s'est épanchée, elle retrouve un peu de calme. Elle me demande si j'ai un nouvel ami. Je hoche la tête et lui pose la question : « Comment t'en es-tu aperçue ? » Et elle, dédaigneuse : « Quand il y a de la tendresse dans le regard d'une femme, d'où cela vient-il ? C'est toujours à cause de la flamme que lui manifeste un de ces salauds d'hommes ! Mais souviens-toi que tôt ou tard, cette flamme s'éteindra, comme cela s'est passé avec Song Xiangkui et comme cela m'arrive avec Lin Xu. Voilà pourquoi une femme intelligente ne doit pas se donner à un homme pour la vie. La femme est une rose, l'homme est l'abeille. Quand il a fini de butiner son pollen, qu'elle n'a plus d'attraits pour lui, il s'envole vers une autre rose. Sur ce point, Léna est une sage. De toute sa vie, elle ne s'est pas livrée à un homme, elle n'a donc pas été blessée jusqu'à la moelle. »

A ce moment-là, nous étions très épris, Deming et moi, et les paroles de Weina me choquèrent. « Pour ce qui est de l'amour, lui dis-je, Léna n'est peut-être pas la page blanche que nous imaginons. En effet, quand elle m'a invitée à l'hôtel Moderne pour le Nouvel An, elle s'est pomponnée comme une jeune fille et elle m'a appris qu'autrefois elle y avait dansé.

— Dansé ? Pourquoi ne m'en a-t-elle pas parlé quand je l'ai interviewée ? » Toute troublée, Weina ajoute : « Est-ce que par hasard, ce jour-là, elle se serait remémoré son amoureux de jadis ?

— Je pense que Léna a éprouvé un amour resté à jamais gravé dans sa mémoire. »

Weina grogne, elle me lance un rond de fumée au visage et me dit sèchement : « Petite sotte ! C'est sûrement que son amour n'a pas été payé de retour. Sinon, il ne se serait pas gravé dans son cœur. »

La fête du Printemps approche à grands pas. A l'agence, personne n'aime travailler à ce moment-là. Mais moi qui n'ai ni père ni mère à aller voir, on me fait une faveur en me mettant de service. Si vous êtes seul à finir l'année au milieu des pétards qui fusent vers le ciel, vous avez le sentiment que la splendeur du monde n'est pas pour vous, vous êtes un enfant abandonné dans le gouffre du temps, vous êtes doublement triste ; en revanche, si vous êtes actif à votre poste de travail, la fête est bien plus facile à supporter.

Voyant que, chaque année, j'étais volontaire pour être de service lors de cette fête, la direction me donna une semaine de congé.

Le vingt-deux de la douzième lune, je retourne à Keshan sur la tombe de ma mère. La coutume locale veut que l'on se rende sur les tombes vers le vingt-trois. En allant, mon frère et moi, vers la colline de l'ouest, nous rencontrons Lao Yang, le propriétaire du dispensaire. Cet ancien amant de notre belle-mère, couvert de haillons et portant une pelle sur l'épaule, erre comme une âme en peine à l'entrée du village. Quand il nous voit, il nous dit : « Faites-moi la grâce de m'enterrer ! Le soleil va disparaître de ce monde et j'ai peur de l'obscurité. Enterrez-moi au plus vite ! » Mon frère m'apprend que Lao Yang a subi bien des malheurs. Son fils est mort d'une embolie il y a deux ans et sa femme s'est remariée dans l'année. Sa fille, qui ne s'entend pas avec son mari, s'est mise à se droguer et a été envoyée dans un centre de désintoxication. Privés brusquement des soins de leurs parents, les enfants de son fils et de sa fille se sont trouvés à la charge de Lao Yang. Et comme un malheur n'arrive jamais seul, le dispensaire de Lao Yang a dû faire face à un drame : un garçon de huit ans auquel il a fait une série de piqûres intramusculaires a soudain vu sa jambe s'ankyloser. Ses parents l'ont emmené pour un examen à l'hôpital du chef-lieu de province. Le diagnostic est tombé : l'injection malencontreuse a rendu l'enfant infirme. C'est un accident médical et Lao Yang n'a pas de licence pour exercer la médecine. Redoutant d'être mis en prison, il s'est hâté d'indemniser la famille discrètement. Non seulement il a perdu tous ses biens, mais en outre il s'est mis sur le dos une dette de plus de cent mille yuans. L'esprit égaré, il sort toujours avec une pelle sur l'épaule et il demande aux passants de l'enterrer. Mon frère m'apprend que ces deux dernières années, notre ancienne belle-mère a eu elle aussi des ennuis. A l'automne, elle a eu l'impudence de venir trouver son ancien amant. Elle ne se doutait pas que, dès l'entrée du village, elle rencontrerait ce vieux fou. Avec sa barbe blanche en désordre, il s'est avancé vers elle, le regard fixe, sa pelle sur l'épaule, et lui a dit : « Mademoiselle, soyez bonne, enterrez-moi ! Si vous m'enterrez, la chance vous sourira, le maïs qui poussera dans vos champs vous rapportera de l'or ! » Les gens du village qui ont assisté à la scène ont raconté que, désespérée, elle a poussé un long soupir et est repartie sans entrer dans le village.

Je me réjouis de l'infortune de notre belle-mère et de son amant, tout en sachant qu'un tel sentiment est dicté par la méchanceté.

Je rentrai à Harbin contente et de très bonne humeur. Je me jetai dans les bras de Deming avec fougue. Il plaisanta : « Comment se fait-il qu'au retour de ton village, tu sois devenue tout sucre et tout miel ? »

Je répondis par une plaisanterie : « Dans mon village, on cultive de la betterave à sucre, quand je retourne là-bas, c'est comme si je baignais dans un pot de miel, je ne peux pas être autrement ! »

9

Deming finit l'année en compagnie de son père, et moi en assurant une permanence à l'agence.

Léna était habituée à passer cette veillée dans la solitude. Elle ne mangeait pas de raviolis, elle célébrait l'arrivée de l'an nouveau en buvant du thé accompagné de fruits secs et en jouant du piano. Je lui demandai quel morceau elle interprétait ce soir-là. Chopin, Mozart ou Schumann ? Avec un léger sourire, elle me dit : « Ce sont mes doigts posés sur le clavier qui en décident. » Léna était une virtuose, elle vénérait Horowitz, le pianiste juif. Après avoir pris sa retraite de professeur de musique au lycée, elle avait ouvert un cours de piano. Puis, l'âge venant, elle avait cessé de gagner sa vie ainsi, elle disait qu'elle ne jouait plus que pour l'Eternel.

Dans la Chine du Sud, l'année hiberne comme un ours ; dès qu'il sort de sa tanière, le printemps est là. En revanche, ici dans le Nord, l'année est un lièvre des neiges filant sur la plaine immense : il faut encore attendre longtemps avant de voir son pelage changer de couleur quand arrive le vent du printemps.

Je me figurais qu'après la séparation avec son mari, Weina avait dû passer de tristes fêtes. Je ne me serais jamais doutée qu'elle reviendrait resplendissante le sept du premier mois. Elle m'apprit qu'elle avait emmené son fils faire du ski à Yabuli. Le petit apprenait avec une grande facilité, en trois jours il savait skier.

« Le docteur Lin n'était pas avec vous ? » lui demandai-je.

Et elle, sur le ton de la plaisanterie : « Bien sûr que si ! S'il n'était pas venu, j'aurais été obligée de finir l'année en allant frapper du gong à la porte de qui tu sais ! »

Sa plaisanterie me fit penser qu'ils s'étaient réconciliés : la crise était passée.

Weina m'apprit qu'elle avait rencontré là-bas le fils d'un riche commerçant juif qu'elle avait eu l'occasion d'interviewer. Quand elle lui avait parlé de Léna, à sa grande surprise, il lui avait raconté que lors de l'occupation du Nord-Est par les Japonais, le beau-père de Léna, qui était dans les meilleurs termes avec les occupants, l'avait promise à un officier japonais. Léna n'avait pas accepté et avait traversé une période de grand désordre psychique. Il semblait donc bien qu'elle ait eu une histoire sentimentale.

« Dans ce cas, il n'est pas étonnant que même à présent Léna ait un comportement original », dis-je.

J'avais consulté des documents sur la période de l'occupation japonaise. Ils parlaient du lancement secret d'un « plan tétrodon » accordant aux Juifs un territoire en vue de faire renaître un Etat juif. En réalité, l'intention des Japonais était de s'emparer des capitaux juifs pour leurs investissements militaires et industriels dans le Nord-Est. Le tétrodon est un des poissons favoris des Japonais, il contient des éléments toxiques, mais il est délicieux. Ce « plan tétrodon » était à la fois intelligent et dangereux. Pour mieux avaler le Nord-Est, ils adoptaient une politique conciliante envers les Juifs. Quand le fils du fondateur de l'hôtel Moderne fut enlevé, on pensa que les Japonais n'y étaient pas étrangers. En effet, ils auraient voulu acheter l'affaire juteuse qu'était le Moderne pour une bouchée de pain, mais Joseph Gainsbourg ne l'entendait pas de cette oreille. Il fixa un prix très élevé qui fut comme un coup de gourdin sur la tête des Japonais. Sachant que son attitude irriterait les Japonais, il renforça ses défenses, sortant toujours avec ses gardes du corps. Par ailleurs, il transféra peu à peu ses biens au nom de son fils qui avait la nationalité française et il accrocha le drapeau bleu blanc rouge sur la façade de son hôtel. Furieux de ne pas avoir prise sur le père, les Japonais donnèrent l'ordre à des bandits d'enlever le fils venu en vacances.

L'affaire eut un retentissement mondial. Quand elle en parlait, Weina avait des mots très durs à l'égard de Joseph Gainsbourg. Elle disait que peu après l'enlèvement, les gangsters envoyèrent au père une oreille de son fils, disant qu'ils le libéreraient dès qu'ils auraient la rançon. Mais le père marchanda, disant qu'il refusait de payer tant qu'il n'aurait pas vu son fils. Comme ils ne parvenaient pas à leurs fins, les gangsters tuèrent leur prisonnier dans un coup de colère. En en parlant, Weina, hors d'elle, me dit : « Si Linlin était enlevé, je n'hésiterais pas non seulement à payer mais même à me mutiler. » A cause de cette affaire, elle voyait d'un très mauvais œil l'hôtel Moderne, qu'elle appelait la « maison hantée ».

Le beau-père de Léna était-il engagé dans le « plan tétrodon » et proche des Japonais ? Qu'un officier japonais puisse tomber amoureux d'une Juive était pour moi source d'une immense curiosité.

La principale fête juive est la Pâque ou « fête du Passage », elle est aussi solennelle que notre fête du Printemps. Cette année-là, elle tombait dans la deuxième quinzaine d'avril. La période où l'on se chauffe à Harbin était terminée, les grands et petits fourneaux avaient cessé de fumer, le ciel libéré était redevenu bleu au-dessus de la ville. Tout reverdissait, forsythias et pêchers fleurissaient, et les promeneurs étaient nombreux dans les rues. Le paysage printanier est plaisant, tout renaît, on s'éloigne des fumées et de la poussière hivernales. Une semaine avant la fête, Léna commença ses préparatifs. Elle engagea quelqu'un pour faire le ménage à fond, laver rideaux, draps et couvertures, astiquer les vitres et remplacer les anneaux de plastique des rideaux par des anneaux de cuivre. La veille de la Pâque, elle acheta du mouton qu'elle accommoda avec des herbes aromatiques avant de le faire rôtir au four, puis elle prépara des galettes de farine blanche. Pour la Pâque, elle ne mangeait aucune pâte levée. Pendant sept jours, elle ne touchait pas au pain de l'hôtel Moderne. Elle me raconta qu'autrefois elle fêtait la Pâque avec ses vieux amis, mais ils avaient quitté ce monde les uns après les autres et elle ne pouvait plus réunir personne. Elle me dit avec tristesse : « Ce n'est pas bon de rester en vie longtemps, on voit mourir bien plus de gens que les autres. » Puis elle bougonna : « Pourquoi l'Eternel ne me rappelle-t-il pas à lui ?

— Il y a tant de calamités en ce monde, il est si occupé qu'il n'a pas le temps de penser à vous.

— Mourir n'est pas une calamité, objecta-t-elle gravement, c'est revivre, c'est le plus grand bonheur d'une vie humaine. »

Je n'avais pas voulu dire que la mort était une calamité, Léna m'avait mal comprise, mais je tirai une consolation de sa méprise. Je me dis que ma mère revivait sans être humiliée, peut-être devenue oiseau, volant librement dans un espace invisible à mes yeux ; peut-être beau poisson, cœur désormais à l'abri des tempêtes ! Je ne lui souhaitais pas de revivre en être humain, de peur qu'elle ne subisse à nouveau les souffrances du monde d'ici-bas.

Deming repartit en mission pendant la dernière décade d'avril, toujours avec son vêtement funéraire, pour travailler à la diffusion d'un nouveau médicament. Cette fois, il allait au Jiangsu et au Zhejiang. En son absence, je passai la Pâque avec Léna.

Le matin de la fête, Léna enduisit le chambranle de la porte avec du suc rouge de fleurs d'azalée et d'hortensia qu'elle avait pilées, pour remplacer le sang d'agneau. Cette coutume trouve son origine dans la Bible. Le peuple d'Israël était esclave en Egypte, il voulait sortir de cet océan de souffrances, mais le Pharaon cherchait à l'en empêcher par tous les moyens. Sur ce, par l'intermédiaire du prophète Moïse, Dieu déversa des calamités sur le pays. Il y eut une pluie de grenouilles, une maladie qui détruisit le bétail, des nuées de sauterelles, l'obscurité s'abattit sur le pays… La population en souffrit, mais le Pharaon ne fut pas ébranlé pour autant. Dieu envoya alors la dixième calamité qui consistait à tuer tous les nouveau-nés d'Egypte, humains comme animaux. Pour éviter de tuer par erreur les enfants d'Israël, Dieu dit à Moïse de donner l'ordre aux Hébreux de tuer des agneaux ce jour-là et d'enduire le chambranle de leur porte avec leur sang. Ainsi, voyant ce sang, Dieu passerait outre, il épargnerait les enfants d'Israël. Quand les Hébreux s'enfuirent d'Egypte, dans leur hâte ils emportèrent des galettes qui n'avaient pas encore levé. Pour commémorer ce jour, les Juifs mangent du mouton et des galettes de pain azyme.

Léna prépara un riche dîner de Pâque et téléphona à Weina pour l'inviter à venir le partager. Weina demanda si elle pouvait amener son fils, et Léna répondit : « L'Eternel aime les enfants, qu'il vienne ! »

Très attentionnée, Weina apporta à Léna une boîte d'abricots confits, un bocal de café italien et quelques branches de forsythia, la fleur qui accueille le printemps. Quand je lui demandai d'où venaient les fleurs, elle déclara d'un ton péremptoire : « Les fleuristes n'en vendent pas, je les ai volées, bien sûr ! Voler des fleurs, c'est comme chaparder des livres, ce n'est pas vraiment voler. » Et de rire, très contente d'elle.

Dans le jardinet au pied de l'agence, les forsythias s'épanouissaient, mais aucun de ceux qui arrivaient à neuf heures le matin puis repartaient à cinq heures en toute hâte ne prenait le temps de les admirer. Weina trouvait que dans un tel lieu elles étaient solitaires, et en cueillir pour les offrir à quelqu'un aimant les fleurs, c'était leur donner du plaisir. Moi aussi j'offris des fleurs à Léna. Elles venaient de chez un fleuriste, mais elles avaient leur originalité. J'avais fait composer une étoile à six branches en rotin tressé, sur laquelle le fleuriste avait piqué de petites roses jaunes et parsemé de la gypsophile. Cette étoile garnie de fleurs fraîches embaumait, elle était éclatante et plut beaucoup à Léna. Elle l'emporta dans sa chambre pour honorer l'Eternel.

Léna avait l'habitude de manger à une petite table à côté du piano, mais dès qu'elle avait des invités, il n'y avait pas assez de place. Elle sortit d'un coin de la cuisine une table pliante en chêne clair. Depuis que ses vieux amis avaient quitté ce monde, personne ne lui tenait compagnie en ce jour de fête, et la table, qui n'avait pas servi depuis des années, donnait une impression d'abandon. Quand Léna l'eut époussetée, elle y étendit une nappe blanche décorée de fleurs roses. Elle ficha les branches de forsythia dans un vase de porcelaine à motifs bleus qu'elle posa sur la table. Celle-ci en fut aussitôt métamorphosée, elle prit un air printanier. Distraite, Léna observait les fleurs. Elle soupira et dit qu'elles ressemblaient aux fleurs de prunier d'hiver qu'elle avait vues jadis à Suzhou, épanouies mais sans vulgarité. Il ne leur manquait que le discret parfum de ce prunier.

« En quelle année êtes-vous allée à Suzhou ? lui demanda aussitôt Weina.

— Il y a soixante ans ! répondit Léna, déconcertée.

— Vous y êtes allée avec vos parents ?

— Non, de mon propre chef. Je voulais être seule pour admirer les fleurs. »

Les fleurs rappelèrent le passé à Weina : « Quand mon père en était à la dernière phase du cancer du poumon qui allait l'emporter, il a manifesté le désir de voir des pivoines. Je l'ai accompagné à Heze, au Shandong. Après s'être délecté de la vue des pivoines pendant trois jours, il a décidé que nous pouvions rentrer. Dans l'avion du retour, il m'a dit en me prenant la main : "Les pivoines sont les reines des fleurs, mais même ces fleurs splendides se fanent le moment venu. A quoi bon regretter de mourir ?" Auparavant, il avait peur de la mort, mais après avoir vu les pivoines, il jugeait que la mort n'avait rien de redoutable. Je remercie les pivoines qui lui ont permis de partir sereinement. »

Pour éviter à Weina de s'enfoncer dans la mélancolie en ce jour de fête, je lui suggérai d'aller avec Linlin chercher les chaises pliantes sur la terrasse tandis que j'aiderais Léna à apporter les plats de la cuisine.

La table placée au milieu du salon était éclairée par une lampe en verre coloré en forme d'étoile. Une lumière multicolore tombait à profusion sur les fleurs, les plats de légumes et de mouton. Léna alla faire ses prières, puis elle enjoignit à chacun de se laver les mains avant de prendre place pour ce repas de la Pâque. Nous commençâmes par boire un verre de vin rouge, puis vinrent des légumes marinés, des œufs durs écalés, et le plat de mouton accompagné de pain azyme. Léna avait préparé un verre de jus de poire pour Linlin, ainsi qu'une galette fourrée aux pommes. Après trois verres de vin, Léna se mit à raconter à Linlin l'histoire de la fête de la Pâque. Elle parla de Moïse conduisant les Hébreux pour fuir l'Egypte. Arrivé à la mer Rouge, il leva son bâton, et la mer s'ouvrit pour les laisser passer aisément. Quand les soldats du Pharaon lancés à leur poursuite furent noyés, Linlin ouvrit de grands yeux et demanda : « Qui c'était, ce Moïse ? Son putain de bâton était drôlement fort, autant que le bâton d'or de Sun Wukong, le roi des singes. »

Weina gronda Linlin et lui défendit de dire des grossièretés, mais Léna ne s'en formalisa pas. Elle donna la galette aux pommes à Linlin en disant : « Moïse est un être exceptionnel.

— Il est encore en vie ? demanda l'enfant.

— Les êtres comme lui ne meurent pas.

— Est-ce que tu l'as rencontré ? »

Léna secoua la tête et répondit gentiment : « J'attends tous les jours sa visite. »

Linlin dit avec compassion : « Si Moïse est immortel, j'imagine que ses cheveux doivent être tout blancs depuis longtemps, il ne doit plus pouvoir marcher, c'est sûrement bien difficile de le rencontrer. »

Weina était en train de boire. Les paroles de Linlin la firent pouffer de rire et elle m'aspergea de vin rouge, si bien que mon pull blanc fut décoré de fleurs de prunier rouges.

Nous bûmes pas mal de vin ce soir-là. Léna parla des fêtes juives. Outre la Pâque, il y a la fête de Pentecôte et la fête des Cabanes. Autrefois, pour la fête des Cabanes, ils allaient en famille sur la berge du fleuve Songari. Ils édifiaient une cabane avec des branches de saule, ils apportaient le livre de prières et une grande quantité de fruits. Ils y passaient sept jours. Cette fête a lieu en octobre, parfois au début du mois, et le soleil est encore chaud, parfois à la fin du mois, et la neige commence à voltiger. D'après la tradition, la fête des Cabanes commémore sept grands personnages de la Bible qui viennent à tour de rôle dans la cabane. C'est pourquoi les femmes et les enfants peuvent rentrer à la maison s'il fait froid, mais les hommes doivent demeurer dans la cabane. Linlin demanda si Wusong[1] était l'un de ces sept personnages. Devant nos dénégations, il déclara qu'il n'avait

1. Wusong est le plus populaire des cent huit bandits-héros du roman picaresque *Au bord de l'eau*, attribué à Shi Naian et Luo Guanzhong (XIVe siècle).

plus faim et sortit de table pour aller sur la terrasse observer le spectacle de la rue.

Léna avait bu, mais sans être ivre. Elle gardait les idées claires. Weina tenta plusieurs fois d'orienter la conversation sur sa vie personnelle, mais elle se heurta à une opposition courtoise. Ainsi, Weina lui demanda dans quel quartier habitaient les Japonais au temps de l'occupation. Léna répondit d'un ton indifférent : « Dans ce quartier-ci. » Weina voulut savoir comment était un bel homme à l'époque. Avec un regard indulgent, Léna lui dit : « C'est l'homme que l'on aime que l'on trouve beau. Comment pourrait-il y avoir un critère unique ? » Weina persévéra en lui demandant si une femme comme elle, qui ne s'était pas mariée, était mise à l'écart. D'un air qui en disait long, Léna répliqua : « Du moment que l'on ne se traite pas soi-même en paria, peu importe que le monde entier vous mette en quarantaine. »

Sa réaction nous fit penser toutes les deux au destin des Juifs, dispersés à travers le monde. Après avoir échangé un regard, nous décidâmes qu'il était temps de nous retirer.

Weina partit déçue. Quand je les reconduisis, elle et son fils, au rez-de-chaussée, elle soupira : « Nous avons un roman passionnant sous les yeux, mais hélas ! nous sommes incapables de le feuilleter.

— Que veux-tu, c'est elle l'auteur du roman. Elle a le droit de ne pas le publier. »

J'appréciais Léna de plus en plus.

Deming revint la veille des longs congés du Premier Mai. Il m'appela de l'aéroport de Wenzhou avant le décollage. Il espérait me trouver à l'appartement du parc Sun Yatsen à son arrivée. Je me moquai de lui : « C'est que tu espères trouver le repas prêt ! »

Il se mit à rire : « Zhao Xiao'e, comme tu me comprends ! » En songeant au vêtement funéraire plié dans sa valise, je lui souhaitai tout spécialement bon voyage.

A Carrefour où je faisais des achats pour notre dîner de retrouvailles, je rencontrai Song Xiangkui devant le rayon de surgelés. Mal rasé, le teint plombé, il avait maigri. Quand il me vit, sa main qui tenait un panier se mit à trembler. Il avait acheté un paquet de jujubes, une barquette de fraises et un poulet surgelé. Gênés tous les deux, nous évitions de nous regarder en face, ne sachant comment nous aborder. Finalement, je pris la parole : « Tu fais tes courses ?

— Oui, c'est ça.

— Comment va Liu Qin ?

— Elle est enceinte, dit-il après un silence.

— Toutes mes félicitations au futur papa. »

Il n'y avait aucune joie dans les yeux de Song Xiangkui : « Xiao'e, à vrai dire, j'avais bien envie de te téléphoner. Je voulais te parler. Aujourd'hui, le hasard fait bien les choses. Peux-tu me consacrer une demi-heure ? Je t'attendrai en bas au Pizza Hut pour prendre un café. »

Je regardai ma montre : « Je n'ai pas le temps aujourd'hui, mon ami rentre de voyage, il va bientôt atterrir, il faut que je me dépêche d'aller préparer le repas. »

Song Xiangkui dit tristement : « Ce n'est pas étonnant que tu sois devenue jolie. J'aurais dû me douter que tu avais un ami. » Et, en bredouillant des excuses, il prit congé précipitamment.

La nuit était tombée quand j'arrivai à l'appartement de Deming. Je finissais les préparatifs lorsque le téléphone sonna. L'avion de Deming avait atterri, mais c'était l'heure d'affluence à la sortie du travail, il y avait des embouteillages pour entrer en ville, il lui faudrait bien cinquante minutes pour arriver, il me dit de ne pas m'inquiéter. Tandis que je passais la serpillière, je repensai à la triste mine de Song Xiangkui et je m'en inquiétai. Abandonnant le balai, je lui envoyai un SMS : *Peux-tu me parler ?* Il m'appela aussitôt et me dit qu'il était seul dans un café. Je lui demandai ce qu'il voulait me dire. Il m'apprit que sa mère et lui s'inquiétaient à l'idée que l'enfant de Liu Qin puisse être sourd-muet. Ils étaient effondrés. Selon le médecin qu'ils avaient interrogé, une sourde-muette de naissance avait en effet un plus grand risque qu'une femme normale de mettre au monde un sourd-muet. Song Xiangkui dit qu'il n'avait pas de chance, quand il achetait un billet de loterie, il ne gagnait même pas cinq yuans. Si l'enfant qui allait naître était comme Liu Qin, sa mère deviendrait folle. Avec deux sourds-muets à la maison, une folle et en plus son frère infirme qui ne trouvait pas à se marier, il deviendrait fou lui aussi. Il aurait voulu que Liu Qin se fasse avorter, mais elle était décidée, elle voulait absolument cet enfant. Song Xiangkui me dit qu'il prenait des somnifères tous les soirs sans parvenir à dormir. Il regrettait le temps où nous étions ensemble, il regrettait nos disputes, tout cela était pour lui de bons souvenirs. Puisqu'il semblait conserver le souvenir de nos amours passées, j'eus l'audace de lancer une question qui était toujours restée sans réponse : « Dis-moi la vérité, quand tu m'as quittée, c'était bien pour l'appartement de Liu Qin, n'est-ce pas ? » Je savais que ma question était comme une gifle. Il y eut un silence, puis il éclata : « Zhao Xiao'e, les gens comme nous, qui viennent de la campagne, sans appui, sans argent et sans talent particulier, ne devraient pas choisir de vivre en ville ! A quoi bon s'épuiser autant ! » Il poussa un juron et coupa la communication. Sa réponse était un aveu indirect. Je restai assise longtemps à ruminer le sens de ses paroles, puis je lui envoyai un message : *Ne redoute pas que l'enfant soit sourd-muet, chaque enfant est un ange envoyé par le Ciel ! Quand on a la joie au cœur, même si l'on vit dans un monde sans bruit et sans paroles, c'est merveilleux.* Je savais que c'était une phrase vide, hypocrite. Song Xiangkui ne répondit pas… Bien sûr, à de telles phrases, pas de réponse.

Ce soir-là, Deming, à peine rentré, après s'être rafraîchi, ouvrit sa valise sans attendre et me dit : « Xiao'e, félicite-moi. Regarde, comme je pensais à toi, cette fois, je n'ai pas utilisé un seul préservatif !

— Que tu te serves de préservatifs, ça ne me fait pas peur, ce qui me fait peur, c'est que tu te serves de ton vêtement funéraire ! »

La voix tremblante, il s'écria : « Xiao'e… » Il me serra très fort dans ses bras et se mit à pleurer. Après Chen Erdan, c'était la deuxième fois que j'étais trempée par les larmes d'un homme.

10

Le dernier jour des vacances du Premier Mai, Deming me donna rendez-vous pour aller rencontrer son père.

Mon cœur bondit de joie : est-ce qu'il était sérieux ? Etait-ce l'annonce d'une demande en mariage ?

Le rendez-vous était à l'imprimerie de son père à Daowai. Deming me dit que celui-ci craignait peut-être que je me sente mal à l'aise ; il avait donc décidé que la rencontre se ferait à l'atelier. L'environnement bruyant dissiperait ma tension.

Quant à moi, je me disais que cette façon bon enfant de faire connaissance manifestait probablement son indifférence à l'égard du mariage de son fils.

La rencontre était fixée à deux heures de l'après-midi, mais je me préparai dès que j'eus pris mon petit déjeuner. Je sortis tous mes vêtements de saison pour les essayer l'un après l'autre. Ils venaient presque tous des étals de forains et n'étaient pas de très bonne qualité, il était vraiment difficile de faire de l'effet avec ça. Je tentai de les assortir, puis je m'observai sur toutes les faces dans le miroir, mais rien ne me satisfaisait et je commençai à m'affoler. Voyant mon tourment, Léna comprit qu'il s'agissait d'une rencontre importante. Elle vint à mon secours et me demanda qui j'allais voir. « Qu'est-ce que ça peut faire ? répondis-je. Qui que ce soit, je voudrais m'habiller pour paraître à mon avantage.

— Mais ce n'est pas indifférent. S'il s'agit d'un collègue de travail, il faut se vêtir simplement. Une veste courte de couleur crème à col ouvert et double boutonnage avec une longue écharpe de soie brun foncé serait l'idéal. Si c'est ton petit ami, par ce beau printemps, il faut mettre quelque chose de plus enlevé et audacieux. Choisis le pantacourt violet et le pull imprimé violet à grand col asymétrique, habille-toi comme un bouquet de lilas. Mais si tu dois rencontrer un respectable aîné, il faut t'habiller sobrement, mettre ce manteau à carreaux bleus de forme occidentale sur un pantalon noir. »

J'expliquai à Léna que j'allais rencontrer le père de Deming. « Oh ! » fit-elle, et d'un seul coup, son intérêt baissa. Elle me demanda sèchement : « Tu vas chez lui ? »

Je dis que j'allais à son imprimerie de Daowai. Elle me regarda, surprise : « Et tu as donné ton accord ? » J'acquiesçai. Déçue, Léna baissa la tête et me dit : « Alors, mets le coupe-vent crème à col ouvert et double boutonnage et le pantalon noir, comme si tu allais faire un tour sur la rive du Songari. Sous la veste, mets un pull en jersey noir à col montant et ne prends pas d'écharpe. Si jamais l'écharpe se prenait dans une machine et t'étranglait, quelle tragédie ! »

Les paroles de Léna me rappelèrent Isadora Duncan, la créatrice de la danse moderne. Elle était morte à cause de son écharpe. Elle avait pris place dans une voiture de course décapotée, un pan de la longue écharpe de soie rouge enroulée à son cou flottant derrière elle. Il se coinça juste sous la roue arrière. Quand la voiture démarra, Isadora Duncan fut tirée à l'extérieur par son écharpe. Le conducteur stoppa dès qu'il s'en rendit compte, mais elle avait cessé de se débattre. Jamais elle n'aurait imaginé qu'une souple étoffe de soie puisse jouer le rôle de tueur. La fin d'Isadora fut une danse moderne qui bouleversa le monde entier. Je ne pense pas mériter une telle chance. A mon avis, une mort romantique comme la sienne ne peut arriver qu'à une artiste.

Faisant confiance au coup d'œil et à l'intuition de Léna, je suivis ses conseils pour m'habiller, et en effet le résultat fut sobre et de bon goût, à la fois élégant et naturel. D'un ton lourd de sous-entendus, Léna me dit : « Avec ce coupe-vent, tu peux affronter la tempête n'importe où et n'importe quand. »

Comme j'étais en avance, je décidai de faire une promenade pour me donner du courage.

A mon idée, quiconque atteint un grand âge en vivant seul est forcément courageux. Je me suis demandé bien des fois d'où Léna tenait cette volonté de vivre. D'un amour impossible à oublier ou du réconfort de la religion ? Je penche plutôt pour le réconfort de la religion. En effet, cet amour impalpable comme du brouillard, je ne le discernais pas. En revanche, j'avais une conscience aiguë de la place de la religion dans la vie de Léna par ses prières quotidiennes assidues.

Je décidai d'aller faire un tour à la synagogue. Ce devait être le lieu d'où Léna tirait son courage.

Harbin possède deux synagogues proches l'une de l'autre, dans le quartier Daoli.

La vieille synagogue se trouve dans la rue Tongjiang, autrefois nommée rue des Canonniers. Elle a été édifiée en 1909. C'est là qu'étaient regroupées les activités religieuses des Juifs dans la première phase de leur établissement à Harbin. Elle a été détruite par un incendie en 1931. Après avoir été reconstruite et agrandie, elle abritait alors la salle de prière au rez-de-chaussée, et aux premier et deuxième étages tous les organes religieux et culturels juifs de Harbin, comme le consistoire juif, l'association pour la renaissance d'un Etat juif, la société d'entraide pour les obsèques et la rédaction du journal *La vie juive*. Quand on regarde le bâtiment de profil, on dirait un bateau postal d'autrefois. L'étoile d'argent à six branches qui surmonte le dôme rouge brique a l'air d'un phare destiné à guider la navigation. Ce bateau qui vogue depuis un siècle est toujours en route, ce qui prouve que le parcours de la religion est loin d'arriver à son terme. A présent, la synagogue est occupée par une auberge de jeunesse, avec des chambres aux premier et deuxième étages. C'est un lieu où ont plaisir à séjourner ceux qui aiment évoquer le passé. Il y a également au rez-de-chaussée un café de style vieillot qui attire les rêveurs.

La nouvelle synagogue est située au carrefour des rues Jingwei et Anguo. Elle date de 1921. Sa sobriété ne manque pas d'un certain charme romantique. Le bâtiment principal est rouge et blanc, la double coupole dorée en forme de cœur fait penser à une grosse citrouille mûre. Dans la salle qui pouvait contenir autrefois sept à huit cents personnes, on célèbre les offices ainsi que les mariages. Léna m'a raconté que pendant les offices, on entend sourdre de douloureux sanglots de la synagogue. Sans avoir besoin d'explications, j'ai compris la source de ces pleurs : l'étrange et glaciale Harbin est devenue la chaleureuse terre d'asile des Juifs, mais elle n'est cependant pas leur terre natale.

Léna semble plus attachée à la nouvelle synagogue. Elle m'a raconté que sa mère et son beau-père s'y étaient mariés. Chaque année, lors de la fête des Cabanes, quand ils séjournaient au bord du Songari, ils revenaient à cette synagogue pour prier. Elle a été saccagée pendant la Révolution culturelle et, après sa réhabilitation, elle est devenue pour un temps la Ville des plaisirs d'Orient. Le luxe et les excès des somptueux spectacles des boîtes de nuit ont effacé les larmes des Juifs d'autrefois. Par la suite, les autorités de la ville ont restauré la salle de prière dans son aspect primitif et on y a ouvert un musée d'Histoire et de Culture juives. La restauration n'était pas à la hauteur des espérances de Léna, mais elle s'est réjouie de cette renaissance.

La nouvelle synagogue n'est pas loin de chez Léna. Encerclée par de hauts bâtiments modernes, sans arbres pour l'ombrager, en plein cœur de la circulation, elle reçoit les gaz d'échappement des voitures, mais c'est l'édifice le plus remarquable du quartier. Elle a une réelle beauté, une originalité durable.

Même pendant cette période de vacances, son guichet d'entrée était désert. Je pris mon billet sans avoir à faire la queue. Peut-être parce que j'avais dit du mal de Dieu devant Léna, quand j'entrai dans l'édifice, j'étais un peu craintive.

A peine avais-je eu le temps de jeter un coup d'œil à la salle que dans mon sac à dos mon portable sonna.

C'était Deming qui m'annonçait que son père avait décidé d'avancer le rendez-vous à onze heures. Il me demanda de me préparer rapidement. Il allait venir me chercher.

Un peu mécontente, je lançai : « Comment se fait-il que ton père change si facilement d'avis ? »

Tout réjoui, il me répondit : « Il a changé l'heure pour nous inviter à déjeuner. Il faut que tu saches qu'il n'a jamais proposé cela à l'une de mes amies.

— Mais je n'apprécie pas ce brusque changement, grognai-je tout en me disant que j'avais bien fait d'être prête à l'avance.

— On dirait que tu es dehors ? Es-tu prise par quelque chose d'urgent ? » s'inquiéta Deming.

Je jetai un coup d'œil à ma montre, il était neuf heures cinquante. De Harbin à Daowai, même en tenant compte des embouteillages, il fallait une demi-heure.

« Je viens d'entrer à la synagogue, viens m'y chercher. Quand tu seras tout près, bipe-moi.

— Léna est avec toi ?

— Non, je suis seule.

— Il y a deux synagogues. Tu es dans celle à dôme rouge ou celle à dôme doré ? » Deming semblait très informé de l'existence de ces deux lieux.

« Celle au dôme doré, dans la rue Jingwei.

— Ah ! Celle qui était la Ville des plaisirs… Je descends prendre un taxi, je devrais arriver dans vingt minutes. »

Au-dehors, on sentait l'approche du printemps, mais dans la salle principale il faisait frais. Je frissonnai et ne pus m'empêcher d'éternuer. Au milieu de la salle, une grande étoile à six branches était figurée sur le sol de marbre et je me dirigeai vers elle pour me réconforter. Mais sous mes pieds, loin de sentir la clarté naturelle d'une étoile, je fus déçue de ne trouver que la vive lumière projetée par le lustre de cristal. Cette synagogue était trop neuve, il lui manquait l'apparat et la gravité auxquels je m'attendais. En revanche, la grande photo en noir et blanc accrochée face à moi, telle une sombre fenêtre, soufflait confusément le vent du passé : c'était une vieille photo d'une réunion solennelle de rabbins à l'hôtel Moderne. Je regardai chacun des hommes avec attention et je m'aperçus que, malgré leurs physionomies différentes, ils avaient tous une flamme intérieure. Les hommes d'à présent manquent par trop de cette expression réfléchie.

Léna m'avait dit que la nouvelle synagogue exposait un magnifique chandelier en bronze à sept branches offert par un de ses amis. Je quittai l'étoile de marbre pour monter au premier étage à la recherche du chandelier, quand je pensai soudain à ma rencontre avec le père de Deming. C'était un homme d'une autre génération, convenait-il de lui apporter des fruits ou autre chose ?

Je téléphonai à Deming pour quêter son avis. Il était dans le taxi. « Que veux-tu lui apporter ? Il n'a besoin de rien. D'ailleurs, ce n'est pas une rencontre chez lui ni à son bureau. Il ne fait pas de cérémonies, faisons comme lui. »

Je n'avais plus envie de voir le chandelier. Je sortis sans tarder et j'attendis un quart d'heure avant que Deming ne s'annonce. Il était dans une Xiali rouge et j'entendis le bruit bien avant que la voiture n'arrive. Il sortit la tête pour m'appeler : « Zhao Xiao'e ! »

Cet appel plein de tendresse me réchauffa le cœur, et je me détendis un peu.

Deming était assis à côté du chauffeur. Le taxi s'arrêta, il descendit et ouvrit la portière arrière pour moi. Quand je me courbai pour entrer dans la voiture, il me donna une tape sur les fesses en disant : « Ce costume n'est pas mal, c'est cool ! » C'était un compliment, mais j'associai le mot « costume » au théâtre, et cela me déplut.

Je demandai à Deming pourquoi il connaissait si bien les deux synagogues. Il m'apprit qu'il habitait le quartier lorsqu'il était enfant. C'était au temps de la Ville des plaisirs. Il y avait une folle animation. Depuis l'aménagement du musée, le lieu était au contraire peu fréquenté. Dans la vieille synagogue, il était surtout intéressé par l'auberge de jeunesse. Il y avait passé une nuit. La petite salle de restaurant avait de l'allure. En me faisant un clin d'œil, il me dit : « Si je te demande en mariage un jour, je t'y emmènerai ! »

Songeant que puisqu'il habitait Harbin, s'il y avait passé une nuit, ce devait être avec une petite amie, je lui dis dans une bouffée de jalousie : « Si tu t'avises d'y emmener une petite ensorceleuse, je te trancherai les jambes. »

Il éclata de rire et attira ma main contre sa poitrine pour me faire sentir les battements de son cœur : « Mon cœur est rouge, il est prêt au succès comme à l'échec [1]. »

Ma colère retomba.

L'imprimerie du père de Deming se trouve dans un quartier isolé, à proximité du grand marché des matériaux de construction. C'est un long bâtiment

1. Détournement ironique d'un slogan employé par les jeunes pendant la Révolution culturelle.

étroit en ciment et briques grises, coiffé d'un toit de zinc argenté. Elle doit s'étendre sur deux mille mètres carrés environ. Les réserves sont à l'ouest, l'atelier de brochage et de reliure à l'est ; toute la partie centrale est consacrée au massicot et à l'impression.

Un petit bâtiment carré s'appuie au flanc gauche de l'usine. Les murs vert foncé et le toit de tuiles grises lui donnent l'allure d'une construction militaire. Deming m'apprit que c'était le logement des ouvriers et la cantine. Comme nous étions en avance de dix minutes, il me fit visiter.

L'atelier d'impression était bien plus propre que je ne l'aurais imaginé. La plupart des presses étaient de marques connues, Roland et Heidelberg, elles n'étaient pas très bruyantes. Tous les ouvriers portaient une tenue de travail grise, l'ensemble était plaisant. Certains connaissaient Deming et le saluaient, puis ils m'observaient avec attention. L'odeur de l'encre qui flottait dans l'air donnait une impression de chaleur. Nous nous dirigions vers un massicot quand Deming me tira par la manche et me dit à mi-voix : « Il est déjà là… »

C'était son père, vêtu d'une blouse de travail, devant un massicot entièrement automatique. Svelte, il devait mesurer un mètre quatre-vingt-cinq. Il avait les tempes grisonnantes, un visage carré au teint coloré, les yeux bridés, un regard plein de vie, le nez légèrement épaté, et de chaque côté de la large bouche, une ride verticale, tels deux poignards acérés, soulignait le côté énergique de son caractère. Quand il me vit, il me serra la main avec chaleur en disant : « Petite Zhao ? Je suis Ji Cangxi, le père de Ji Deming ! » Sa large main un peu rugueuse avait une force toute masculine. Je le saluai, ne sachant ce qu'il convenait de dire, quand Deming lui demanda : « Pourquoi est-ce toi qui coupes le papier ? » Son père donna une tape à la machine en disant : « Elle vient d'arriver, elle joue des tours aux ouvriers, elle tombe en panne à tout propos. Je suis venu la régler, lui flanquer quelques coups de fouet pour la dompter. » A l'entendre, il considérait la machine comme un cheval rétif. Nous nous mîmes à bavarder devant le massicot. Je lui demandai ce qu'il imprimait, il énuméra ses principaux travaux : brochures de propagande, emballages pour cadeaux, calendriers, affiches et enveloppes. On venait parfois le trouver pour lui demander d'imprimer de fausses factures ou des livres piratés, mais il refusait ce travail illégal. Il me dit en riant : « Deming vous a raconté, n'est-ce pas ? J'ai fait de la prison. Quand on a été en prison, on connaît la valeur de la lumière du soleil et de la liberté ! Pas question de risquer la prison pour de l'argent ! » Puis il orienta la conversation sur notre journal, disant que si nous voulions l'imprimer chez lui, il accepterait, car à part des publicités exagérées, il ne contenait rien de mauvais.

Je souris. Le père de Deming me plaisait. Son assurance et sa cordialité détruisaient complètement l'image du commerçant prétentieux et attaché à l'argent que je m'étais forgée. Si jamais j'entrais dans sa famille, ce serait une chance d'avoir un beau-père comme lui.

Visitant l'atelier de reliure, nous rencontrâmes un vieil ouvrier décrépit. Il devait avoir dans les soixante-dix ans. C'était un petit maigre, voûté, la peau tannée, les cheveux en bataille ; un visage en lame de couteau, des paupières tombantes sur de petits yeux vides, et des lèvres desséchées. Si ses mains n'avaient pas bougé avec dextérité, on l'aurait pris pour une momie. Le père de Deming lui manifesta plus de cordialité qu'aux autres ouvriers : « Maître Mu, est-ce qu'avec le printemps vos rhumatismes vous tourmentent ? »

Maître Mu interrompit son travail, regarda son patron et répondit d'une voix éraillée : « Comment diable pourrais-je échapper à une crise ?

— La prochaine fois que j'irai aux sources chaudes de Lindian, je vous emmènerai tremper dans le bouillon. On m'a dit que ces sources soulagent les rhumatismes ! »

Maître Mu, après un grognement, déclara : « Ma carcasse délabrée, même un bain d'or n'y ferait rien ! »

Sa sortie fit rire tout le monde, et moi aussi.

Peut-être est-ce mon rire qui attira son attention, maître Mu tourna les yeux vers moi. Il eut un frisson à l'instant où il me regarda, comme si j'étais environnée d'un air froid qui l'agressait. Il baissa la tête, se frotta les yeux énergiquement, et lorsqu'il me regarda à nouveau, il murmura : « Yanyan… » Voyant la situation, le père de Deming se hâta de me présenter : « C'est la petite Zhao, l'amie de Deming. »

On aurait dit que dans les yeux de maître Mu brillaient des étincelles. D'une voix chevrotante, il demanda : « D'où êtes-vous originaire ? »

Deming répondit pour moi : « De Keshan. Avez-vous entendu parler du mal de Keshan, une maladie cardiaque locale ? Dans les années cinquante et soixante, cette maladie a frappé beaucoup de monde et fait de nombreux morts.

— Bien entendu, déclara le père de Deming, maître Mu est au courant, sa famille en a tragiquement souffert.

— Vous aussi, vous êtes de Keshan ? » demandai-je, surprise, à maître Mu.

Tout raide, les yeux fixes, celui-ci semblait transformé en mannequin. Il ne réagit pas à ma question. Voyant cela, le père de Deming lui tapa doucement sur l'épaule : « Maître Mu est natif de Keshan, il l'a quitté depuis plus de vingt ans, n'est-ce pas ? Vous n'y êtes plus retourné depuis ? »

Maître Mu tressaillit, reprit ses esprits et murmura : « Je n'y ai plus de famille, à quoi bon y retourner ?... »

Quand nous fûmes sortis de l'usine après avoir quitté maître Mu, le père de Deming m'expliqua que Yanyan, sa fille unique, était morte de maladie. Elle devait me ressembler, voilà pourquoi, lorsqu'il m'avait regardée, il m'avait appelée machinalement Yanyan. Il ne fallait pas m'en formaliser.

Nous nous dirigeâmes vers le logement des ouvriers. Il y avait une bonne dizaine de chambres toutes semblables. Le père de Deming m'expliqua que, sauf maître Mu qui avait une chambre individuelle par égard pour son âge, les autres ouvriers étaient quatre par chambre. La cantine était située du côté gauche. On sentait les odeurs de cuisine malgré les portes fermées. Le père de Deming me dit : « Si vous n'y voyez pas d'inconvénient, nous déjeunerons simplement ici. Vous découvrirez la vie des ouvriers et goûterez notre cuisine ! »

Deming ne s'attendait pas à ce que son père nous propose de déjeuner à la cantine. Il le tira par la manche en lui disant à mi-voix : « Avec tout ce monde, nous ne pourrons pas parler à notre aise. Il vaudrait mieux aller manger dehors, je vous invite. »

Je trouvais au contraire que si le père de Deming me présentait ainsi à tout le monde, c'était une forme de reconnaissance. Je dis à Deming : « Mangeons donc ici, j'aime la cuisine familiale. »

Ce repas, je m'en souviens comme de l'un des plus animés auxquels j'aie jamais assisté. Il était évident que ce n'était pas la première fois que le père de Deming mangeait à la cantine. Les ouvriers se disaient en le regardant : « Le patron vient encore une fois manger avec nous ! » La salle était chaleureuse et plaisante, avec ses murs et son plafond blancs, ses tables et ses bancs marron, son sol de marbre vert clair et ses deux lampes en forme de bateau à voile au plafond. On avait l'impression de marcher dans la verdure. Nous nous assîmes à une longue table au fond de la salle, dans un coin assez calme. J'étais à côté de Deming, en face de son père et de maître Mu. Le menu était simple : un trio de légumes sautés, un poisson cuit à l'étouffée, des tiges de chrysanthèmes à la purée d'ail, et pour finir une soupe aux algues, accompagnés de riz et de petits pains-fleurs. Le cuisinier connaissait son métier, les plats étaient bien préparés. La cantine était bruyante, les ouvriers bavardaient en mangeant, et quand quelqu'un lançait une plaisanterie, on entendait des rires réjouis. Cette ambiance chaleureuse et détendue me mit à l'aise et je mangeai de bon appétit. Je remarquai que la plupart des ouvriers étaient des hommes, cela signifiait-il que le père de Deming était hostile à l'emploi des femmes ? Tandis que je m'interrogeais, il me revint ce que m'avait dit Deming : son père recrutait surtout des détenus libérés après avoir purgé leur peine. Il est vrai qu'il y a plus d'hommes que de femmes à faire de la prison. J'eus un choc. Est-ce que cela voulait dire que maître Mu qui était assis en face de moi, mon compatriote de Keshan, était un criminel ?

Maître Mu resta silencieux pendant le repas. Il ne me posa qu'une question : « D'où êtes-vous à Keshan ? » Quand je lui donnai le nom de mon canton, sa main tressaillit et il me demanda si j'habitais au chef-lieu ou dans un village. Je lui donnai le nom de mon village, il laissa échapper un « ah ! » surpris et posa ses baguettes en grimaçant : il s'était mordu la langue !

Je trouvai son attitude insolite et lui demandai s'il connaissait mon village. Il resta un moment sans réaction avant de déclarer : « Bien sûr que je le connais, j'ai habité le village voisin, à moins de dix kilomètres. »

Je me souvins que, pour rechercher le violeur de ma mère, j'étais allée dans son village, et je fus prise d'un funeste pressentiment.

Le repas terminé, les ouvriers s'en allèrent les uns après les autres. Le père de Deming fit apporter par le cuisinier une théière de thé au jasmin et resta bavarder avec nous. J'en profitai pour l'interroger sur maître Mu. Il nous apprit que ce dernier avait connu bien des malheurs. Son père, sa mère et son frère aîné étaient morts de la maladie de Keshan. Orphelin très jeune, il avait été recueilli par un berger. Ils vécurent ensemble jusqu'à la mort de son père nourricier. Il quitta alors Keshan pour aller gagner sa vie dans la mine de charbon de Jixi. Devenu mineur, il se maria et eut une fille nommée Yanyan, Petite Hirondelle. Mais le Ciel l'accabla d'un malheur imprévisible. A dix ans, Yanyan fut frappée par une leucémie. Maître Mu se ruina pour la soigner, et comme un malheur n'arrive jamais seul, le propriétaire de la mine retarda le paiement des salaires. Maître Mu alla réclamer son dû à plusieurs reprises, sans résultat. Un soir où il avait bu, dans un coup de colère, il prit un coutelas, alla au domicile du patron à Bingtou, se saisit de lui et le garrotta, puis disant que la main du patron était imbibée du sang des mineurs, il lui trancha le pouce et l'index de la main droite, les deux doigts que le patron humectait de salive pour compter ses billets. Le patron était riche. Après la mutilation, il ne réclama aucune indemnité (que maître Mu n'aurait d'ailleurs jamais pu payer), mais il voulut qu'il croupisse longtemps en prison. Il fut condamné à sept ans. Yanyan mourut pendant sa deuxième année de détention. Furieuse de son acte irréfléchi et de son manque de sens des responsabilités, sa femme décida de divorcer. A sa sortie de prison, il se retrouva seul, et l'imprimerie devint son foyer.

Je demandai au père de Deming si maître Mu avait soixante-dix ans. « Pas du tout, répondit-il, il paraît très âgé à cause de toutes les épreuves qu'il a subies, mais il n'a pas soixante ans. »

Nous allions quitter l'imprimerie quand le père de Deming lui tendit une clé toute neuve en disant : « Tu as bien ton permis ? Il y a une Citroën neuve garée dans la cour de derrière. Pars avec, ce sera commode pour sortir avec Xiao'e. Souviens-toi que c'est un prêt, pas un cadeau. »

Je ne m'attendais pas à ce que Deming prenne la clé en souriant, la soupèse puis la rende à son père en disant : « Je suis sans cesse en déplacement. Entre mes mains, cette voiture serait comme une concubine au fond du gynécée, elle serait rarement honorée, ce serait regrettable. De plus, j'aime bien boire un verre, et quand on conduit, on ne peut pas boire. Ce serait me priver d'un grand plaisir de la vie, quel dommage !

— Mais alors, pourquoi as-tu passé ton permis ?

— Je n'aime ni conduire ni nager, mais j'ai quand même appris. Pourquoi ? C'est simple, cela fait partie des savoir-faire utiles pour rester en vie en cas de catastrophe imprévue. »

Le père de Deming regarda son fils avec incrédulité. Il était évident qu'il ignorait que celui-ci gardait toujours un vêtement funéraire dans sa valise.

11

Tant que les lilas ne sont pas en fleur, on ne peut pas dire que le printemps est vraiment arrivé à Harbin.

Les forsythias et les pêchers fleurissent avant, comme s'ils voulaient rivaliser pour annoncer le printemps, mais lorsqu'ils s'épanouissent, la température est encore basse, l'herbe n'a pas reverdi partout et la plupart des citadins n'ont pas encore ôté leurs vêtements d'hiver. C'est pourquoi ces fleurs printanières gardent leurs distances avec la ville, elles manquent de chaleur et de force.

Lorsque les lilas fleurissent, c'est différent : l'herbe est verte, les habitants ont rangé leurs vestes et pantalons ouatés. L'arôme puissant des lilas, telle une invisible aiguille d'argent, ouvre doucement les pores de votre peau obstrués pendant l'hiver et vous injecte la tiédeur printanière pour que votre corps tout entier se détende.

Les lilas fleurissent follement, chaque arbre est comme un ciel étoilé, couvert de fleurs innombrables. Quand elles sont pleinement épanouies, le poids des grappes fait ployer les rameaux.

La plupart des lilas de la ville sont violets ou blancs. Les buissons en fleur dans les parcs ressemblent à des nuages violets, et les lilas blancs qui égaient rues et ruelles sont autant d'écharpes de prière immaculées.

Par ce beau printemps, je ruminais de sombres pensées. Je demandai à Deming de m'aider à m'informer sur maître Mu. En quelle année avait-il quitté Keshan ? Avait-il fait plusieurs séjours en prison ? Deming me demanda pourquoi je m'intéressais tant à lui. Je lui dis que cet homme solitaire qui m'avait prise pour sa fille me paraissait bien à plaindre. J'envisageais de le prendre pour père adoptif. Deming en plaisanta : « Qui aurait dit que la jeune Zhao Xiao'e avait le cœur si large ? »

D'après les informations de Deming, maître Mu avait quitté son village pour aller à Jixi trois ans après ma naissance. Si l'on se fiait aux dates, il était possible qu'il ait commis le viol. Le plus important, c'est qu'il était alors adulte et célibataire, ce qui renforçait les soupçons.

Quand je voulus le rencontrer, il avait disparu.

Personne ne savait où il était allé depuis une semaine. Le père de Deming se renseigna auprès des gens qu'il aurait pu voir et dans les lieux où il aurait pu se rendre, sans obtenir la moindre information. Il allait prévenir la police lorsque maître Mu reparut. Quand on lui demanda où il était allé, il dit qu'il souffrait tant de ses rhumatismes qu'il dormait très mal : il était allé à Lindian prendre les eaux. Mais le père de Deming, se doutant qu'il y était peut-être, s'était déjà informé auprès des nombreux établissements de cure, grands et petits. Aucun n'avait enregistré d'inscription à ce nom-là.

Deming apprit de son père que, depuis sa réapparition, maître Mu était tout excité, comme s'il avait trouvé un trésor. Il avait meilleur appétit et était plus bavard qu'auparavant. Il avait acheté des haltères, disant qu'il voulait s'étirer pour retrouver toute sa taille. Il se mettait à siffloter en travaillant à l'atelier. Les ouvriers disaient que, pendant sa semaine d'absence, il avait sûrement traîné avec une jolie fille pour être aussi content de lui.

La veille du jour où Deming m'avait obtenu un rendez-vous avec maître Mu, juste avant midi, j'étais en train de corriger les épreuves d'un reportage quand le concierge m'avertit que quelqu'un me demandait. Je descendis, abandonnant mon travail.

C'était ma tante !

Elle portait un sac de voyage bon marché à carreaux de couleur sur le dos. Elle était frisée comme un mouton et vêtue d'une veste rouge sur un pantalon vert. Son visage était outrageusement fardé et ses lèvres rouges comme le mont des Flammes[1] donnaient l'impression qu'elles brûlaient ; les sourcils dessinés d'un noir d'encre étaient deux gouffres ; elle était couverte de bijoux aux oreilles, au cou, aux poignets et aux doigts, et elle étalait son corps obèse. Quand elle me vit, elle s'écria avec émotion : « Xiao'e, cela fait des années que je ne t'ai vue ! Moi, ta tante, comme je pensais à toi ! »

Pour les gens de l'agence, j'étais quelqu'un de réservé et de peu bavard, mais voici que m'arrivait une tante au verbe haut. C'était gênant ! Je la saluai et m'empressai de la faire sortir de la loge pour l'emmener dans un restaurant voisin et m'informer des raisons de sa venue.

Elle m'apprit en chemin qu'elle était venue directement de la gare en taxi. Le chauffeur l'avait promenée

1. Au Xinjiang, montagne célèbre pour son grès rouge.

pendant plus d'une demi-heure avant d'arriver à l'agence. La course lui avait coûté vingt-cinq yuans. Elle s'était renseignée auprès du vieux concierge qui lui avait dit qu'il ne fallait qu'un quart d'heure à pied depuis la gare et qu'elle aurait dû payer le prix minimum. Elle se répandit en invectives sur la malhonnêteté des chauffeurs de taxi de Harbin.

Deux pieds de lilas violet encadraient la porte du restaurant où je l'emmenai. Ma tante en cueillit quelques fleurs en entrant, respira leur parfum et déclara : « On dit que cette fleur en tube ressemble à un clou et qu'elle est très parfumée, c'est pourquoi on l'appelle *dingxiang,* clou parfumé, n'est-ce pas ? »

Je n'avais pas envie d'entretenir la conversation en parlant de fleurs et je me contentai d'acquiescer.

Sachant qu'elle parlait fort, je choisis à dessein une table au fond, proche de la cuisine et d'un passe-plat. L'endroit était bruyant, et même si elle hurlait, elle n'importunerait pas les autres convives.

Aussitôt assise, elle tendit la main pour me montrer bague et bracelet étincelants. Elle baissa la voix : « Xiao'e, j'avais peur d'être méprisée par les citadins si je n'étais pas parée comme il faut, alors j'ai acheté une bague et un bracelet plaqués or. Regarde, on dirait des vrais, n'est-ce pas ? » Elle agita la tête et poursuivit : « Les boucles d'oreilles sont en or, mais le collier et la broche, c'est du toc. » Et très satisfaite, elle se mit à rire.

Je lui demandai : « Où as-tu épinglé la broche ? »

Elle baissa la tête sur sa poitrine et poussa un « oh ! » de surprise : « Quand je suis descendue du train, je l'avais, elle est sûrement tombée dans le taxi. C'est du toc, mais je l'ai quand même payée quinze yuans. Ce taxi m'a grugée jusqu'au bout. »

En voyant son air plein de regret, j'eus bien envie de rire.

Sachant qu'elle craignait le piment, je fis exprès de commander des têtes de poisson au piment haché, du fromage de soja de la mère Ma et un potage relevé, accompagnés de riz. En attendant les plats, elle commença par me complimenter, disant que j'étais devenue jolie, puis elle me demanda où j'habitais, combien je gagnais par mois, si je touchais beaucoup de primes. Quand je lui dis que je louais une chambre chez l'habitant, elle fit la moue. Les commissures de ses lèvres n'avaient jamais été symétriques, et cette moue lui donna un air féroce, terrifiant. Elle me demanda combien je louais de pièces et si elle pouvait loger chez moi. Je lui dis que c'était impossible car je n'avais qu'une pièce. Mon lit était-il assez grand pour qu'elle le partage avec moi ? Affolée à cette idée, je répétai que j'avais un lit d'une personne. Craignant qu'elle ne se déclare prête à coucher par terre, je m'empressai de déclarer que je n'avais pas la place de me retourner dans ma chambre, même pas d'y mettre une chaise. Après un « peuh ! » de mépris, elle se renfrogna : « Eh bien, je logerai dans une auberge ! Mais je ne connais pas Harbin, aide-moi à trouver une chambre ! »

Les plats arrivèrent les uns après les autres. A la vue du piment rouge, ses yeux brillèrent. Elle déclara qu'autrefois elle n'aimait pas le piment, mais que maintenant elle ne pouvait plus avaler son riz sans piment. Elle était aux anges, mais moi, je faisais grise mine. Elle mangea bruyamment et de fort bon appétit tout en se répandant en critiques : « Cette soupe relevée, ils y ont mis trop de fécule, elle est visqueuse, on dirait qu'on avale de la morve. Les joues de cette tête de poisson n'ont pas été nettoyées, il sent fort. Ce fromage de soja ne vaut pas celui de Keshan fait dans la saumure, il est sûrement à base de plâtre. A mon avis, un gamin pourrait s'en servir à la place d'une pierre pour sa fronde. Ce riz est vieux, il n'a aucune fermeté, le patron a dû l'acheter à bas prix. » Après avoir passé en revue et dénigré tout ce qu'elle avait mangé, elle me demanda si j'avais un fiancé. Je secouai la tête, et elle secoua la tête à son tour, disant que c'était impossible. Quand une fille a les yeux qui brillent, c'est forcément qu'elle a un amoureux.

Après deux rots satisfaits, elle finit par poser ses baguettes et aborda enfin la raison de sa visite : quelques jours plus tôt était arrivé au village un vieillard qui cherchait à savoir s'il y avait eu une naissance illégitime. La plupart des familles connaissaient mon histoire et quelqu'un lui raconta que le quinze du septième mois de telle année, une femme qui s'était rendue sur une tombe avait été violée et avait donné naissance à une fille. Il voulut savoir où était cette fille à présent. On lui dit qu'elle vivait à Harbin et revenait rarement. Ma tante me dit que, lorsqu'elle avait appris la nouvelle, le vieillard était déjà reparti.

« Est-ce que ça pourrait être ton père, venu à ta recherche ? J'ai eu peur que ce vieil homme ne veuille te retrouver à Harbin, que cela se sache en ville et te fasse du tort, j'ai voulu te prévenir au plus tôt.

— Pourquoi penses-tu que ça pourrait être mon père ? » J'avais des sueurs froides en disant cela.

« S'il n'est pas ton père, pourquoi chercherait-il à s'informer sur toi ? De plus, quand on lui a dit que ta mère était morte prématurément, il a paru peiné. Il a acheté des fruits et donné cent yuans à quelqu'un pour être conduit sur la tombe de ta mère à la colline de l'ouest. »

Je rapprochai ces faits de la disparition de maître Mu et mon cœur me fit mal.

Tout en parlant, ma tante observait mes réactions. D'après ce que je savais d'elle, ce n'était pas un modèle de bonté. Elle avait sûrement une autre raison pour s'être déplacée jusqu'ici. Avec un rire détendu, je déclarai que peu m'importait que quelqu'un me recherche. Dans ma vie, je n'avais eu qu'une mère et pas de père ! Déçue, elle pinça les lèvres et finit par me dire que la maison de famille allait être détruite, qu'ils seraient relogés. Maintenant, semblait-il, on n'y couperait pas. Pourtant, il était dommage de perdre la grande cour devant la maison. Les pommes de terre de Keshan étaient de qualité, et elle souhaitait créer un petit atelier de vermicelle. Mais elle n'avait pas assez de capital et voulait m'emprunter trente mille yuans. Sans attendre ma réponse, elle se mit à se lamenter sur sa malchance au cours de ces dernières années : elle avait un élevage de plus de deux cents poulets, mais une épidémie de peste aviaire l'avait empêchée de rentrer dans ses fonds ; puis son mari avait été atteint de diabète, on le traitait à l'insuline, et avec les piqûres quotidiennes, les sous filaient, si bien qu'ils s'appauvrissaient ; de plus, son fils, à Qiqihar, ne lui faisait pas honneur : après avoir obtenu son diplôme du lycée technique, il n'avait pas voulu travailler dur, il s'était mis à vendre sur les marchés, il avait à moitié perdu la tête, elle avait été obligée de le ramener au village et il était à sa charge comme un handicapé. En essuyant ses larmes, elle me dit, émue : « A notre époque, quand on n'a pas de fille, on n'a pas de soutien pour ses vieux jours ! Je regrette de ne pas avoir eu de fille. Xiao'e, si tu n'y es pas hostile, je voudrais faire de toi ma fille adoptive ! »

Je ne pouvais oublier les humiliations vécues dans mon enfance et je m'écriai d'un ton vengeur : « J'y suis hostile ! Jamais je ne consentirai à ce que tu m'adoptes ! »

Suffoquée par ma réaction, elle ouvrit de grands yeux.

Je poursuivis : « Je n'ai pas d'argent à te prêter. Si tu en as besoin, tu peux faire un emprunt à un établissement de crédit, avec la maison et les terres comme garantie.

— Comment peux-tu être aussi oublieuse, aussi insensible ? Après tout, dans le passé, nous étions de la même famille.

— Je n'ai pas de passé. Souviens-toi de cela, je n'ai pas de passé… »

Elle devint menaçante : « Si les gens d'ici apprennent que tu es une fille illégitime, ils te regarderont de travers ! »

Je ricanai : « A notre époque, celle qui dit qu'elle est née de père inconnu, c'est comme si elle disait qu'elle est fille d'un grand personnage, c'est très à la mode ! »

Je réglai la note et donnai cinq cents yuans à ma tante en lui disant : « Si tu veux passer la nuit ici, tu peux loger à l'auberge voisine du restaurant pour quatre-vingt-dix yuans. Si tu ne veux pas rester, tu peux retourner directement à la gare prendre ton billet pour rentrer au village. »

Elle me demanda d'un air pitoyable : « Tu ne peux pas me tenir compagnie cet après-midi ? »

Je lui dis que mon travail m'attendait et je sortis d'un air décidé. Elle me rattrapa en disant qu'elle m'avait apporté deux paquets de vermicelles de soja. Sans me retourner, je lui lançai : « Je ne peux pas faire la cuisine chez moi, donne-les à qui tu voudras. »

Au dehors, le printemps flottait dans l'air, le parfum des fleurs m'assaillait, mais en songeant au visage desséché de maître Mu, j'eus un haut-le-cœur. S'il était vraiment mon père, je ne pardonnerais pas au violeur de ma mère.

Lorsque je franchis d'un pas lourd la porte de l'agence, le vieux concierge m'arrêta. Il me dit qu'à l'instant, en balayant la loge, il avait trouvé une broche. Comme il n'y avait que moi et ma visiteuse à être entrées dans la loge ce matin, il supposait que c'était nous qui l'avions perdue. Elle était en métal doré, en forme d'hémérocalle. C'était le seul bijou original parmi tous ceux en toc que portait ma tante. Je pris la broche en disant qu'elle appartenait à ma tante.

« Ta tante m'a bien amusé, ajouta-t-il. Craignant que je ne te prévienne pas qu'elle voulait te voir, elle a sorti un paquet de vermicelles pour me le donner. Mais après t'avoir téléphoné, quand je lui ai dit que tu descendais tout de suite, elle a repris son paquet. »

Le vieil homme se mit à rire, mais j'étais incapable d'en faire autant car le cœur me faisait mal.

Je sortis de la loge, la broche à la main. J'allai jusqu'au petit jardin. Je choisis une branche de lilas épanouie et j'épinglai la broche parmi les fleurs. Quand le lilas se fanerait ainsi que les étoiles dans le ciel à l'aurore, cette hémérocalle continuerait à fleurir.

12

Très vite, je devins proche de maître Mu et je le reconnus comme mon père adoptif.

Ce printemps-là fut pour moi sombre et sans soleil. Quand je rencontrais maître Mu, j'arborais un visage souriant, mais en moi-même je pleurais. J'observai attentivement sa physionomie et je découvris que je lui ressemblais : j'avais les mêmes petits yeux, pas plus gros que des grains de soja, et quand je parlais, les commissures de mes lèvres tombaient légèrement comme chez lui. Le pire, c'étaient les oreilles, leur forme était tout à fait semblable. On aurait dit des bannières de parenté qui flottaient comme des esprits entre lui et moi. Je lui demandai une photo de Yanyan, sa fille. Nous avions vraiment l'air de deux sœurs. Il n'était pas surprenant que la première fois qu'il m'ait vue, il ait frissonné comme en présence d'un fantôme. Quand le feu de la vengeance se mit à brûler avec violence dans mon cœur, je voulus être sûre de nos liens de parenté en recourant à un examen scientifique, pour ne pas commettre un meurtre injustifié.

L'analyse du sang n'est pas la seule voie de détection de l'ADN, la salive, les ongles et les cheveux peuvent aussi servir d'échantillon, mais je tenais à une analyse de sang. Pour recueillir celui de maître Mu, j'achetai un nécessaire de coiffeur et je m'exerçai au maniement de la tondeuse sur l'herbe de la rive du Songari. Les promeneurs des bords du fleuve, en me voyant faire une coupe de cheveux à l'herbe, devaient me prendre pour une folle.

Je me souviens, un dimanche soir où le temps était couvert, alors que Deming était parti en mission, j'allai voir maître Mu dans sa chambre avec ma tondeuse. Il fut tout heureux d'apprendre que je voulais lui faire une coupe de cheveux. Il me recommanda de ne pas le tondre trop court en m'expliquant que, lorsqu'on a fait de la prison, on n'aime plus être complètement rasé, de même qu'on n'aime plus porter un gilet sans manches. Tandis que je maniais la tondeuse, il se tint tranquille, silencieux, poussant parfois juste un soupir de satisfaction, comme s'il appréciait l'instant. Ses cheveux coupés, comme de l'herbe flétrie, sentaient le givre et la neige. A l'instant où la coupe allait se terminer, j'enfonçai lourdement la tondeuse de biais dans le creux de sa nuque, entamant la chair avec le coin tranchant de la lame. Quand le sang jaillit comme je l'espérais, je crus voir une fleur maléfique qui me remplit de frayeur. Maître Mu se contenta de pousser un léger cri. Puis il me réconforta en disant que ce n'était pas grave et qu'il arrivait même aux maîtres coiffeurs de commettre une maladresse. Je nettoyai la blessure avec un morceau de coton que j'avais préparé, récoltant ainsi l'échantillon de sang voulu.

Sans demande d'expertise fournie par un organisme officiel, il est impossible d'obtenir une recherche d'ADN. Je me précipitai chez Weina pour lui demander de l'aide. Sur la table du salon trônait un grand vase de roses jaunes au parfum capiteux. Elle venait de prendre une douche, sa chevelure humide flottait dans son dos. Elle portait une chemise de nuit vert tendre et semblait baigner dans l'eau claire, toute fraîche et joyeuse. Elle me dit qu'elle avait fêté son anniversaire et que ces fleurs lui avaient été offertes par un ami dont elle venait de faire la connaissance. Je vantai le bon goût de cet ami et elle me répondit, toute fière : « Exactement ! Il a l'air d'un gros rustre, mais il a de grandes qualités. Rien à voir avec mon mari qui, pour mon anniversaire, ne savait m'offrir que des roses rouges ou roses. »

Elle me dit que depuis le printemps, elle avait changé de tactique à l'égard de son mari. Quand ils étaient allés tous les trois au ski à Yabuli, elle avait fait exprès de rechercher la compagnie des hommes, allant skier avec l'un, déguster un plat de ragoût et de boudin de porc au chou fumant arrosé de vin jaune avec un autre. Elle avait pris du bon temps. Le docteur Lin faisait semblant de ne pas y accorder d'importance, mais en lui-même, il était fou de jalousie. A présent, elle ne prenait plus l'initiative de lui téléphoner, elle ne le surveillait pas, elle le laissait vivre avec sa maîtresse. Quand il revenait chaque fin de semaine voir Linlin, elle s'arrangeait toujours pour recevoir un ami venu prendre le thé et bavarder. Le docteur Lin, voyant cela, était furieux sans oser rien dire.

« Il est vraiment bête. Un jour où, en arrivant, il a vu partir un de mes visiteurs, il s'est moqué de moi : "Weina, m'a-t-il dit, comment peux-tu avoir tant d'appétit ? En changeant de partenaire avec une telle fréquence, tu n'as foutrement pas peur d'attraper le sida ?" » En riant aux éclats, Weina reprit : « Il est pourtant médecin et il ne comprend même pas que les hommes sont d'abord des animaux en rut et ensuite seulement des individus doués de sentiments. Je change souvent d'amis parce que, dès qu'ils ont compris que tu ne coucheras pas avec eux, ils ne perdent pas leur temps en ta compagnie et tu ne peux faire autrement que de leur trouver un remplaçant. D'ailleurs, avec mon fils à la maison, comment pourrais-je me livrer à ce genre de chose ? »

Le discours que tenait Weina me fit comprendre ce qu'elle éprouvait. Elle était loin d'être aussi sereine qu'elle voulait le paraître.

« A quoi bon te tourmenter ainsi ? Tu ferais mieux de laisser tomber, lui dis-je.

— Quand il s'effondrera, il ne sera pas trop tard pour laisser tomber. Je ne peux pas donner à cette petite diablesse un mari en pleine forme. Ce salaud était vraiment trop blessant. Il me reprochait ma vitalité, quelle faute de goût ! Depuis qu'il est médecin, il aime les femmes languissantes. Aurait-il changé ? Au temps où il me faisait la cour, comme il aimait mon caractère ouvert et ma bonne santé ! Il faut que je le tourmente jusqu'à ce qu'il en tombe malade ! »

Quand elle eut fini d'exhaler sa rancœur et qu'elle tourna les yeux vers les roses jaunes avec un regard attendri, elle soupira : « Il existe pourtant des hommes qui apprécient ma bonne santé et mon franc-parler, tous les hommes ne sont pas des rats d'égout qui ne supportent pas la lumière du soleil. »

Quand je lui présentai les deux échantillons de sang en lui demandant son aide, elle me fixa un bon moment et répliqua : « Qu'est-ce qui t'arrive ? Si tu ne me dis pas la vérité, je ne t'aiderai pas à faire une recherche de paternité.

— Une vraie amie n'hésite pas à aider sans demander de justification.

— Encore faut-il savoir qu'on aide pour la bonne cause.

— Bien sûr que c'est pour la bonne cause.

— Ah bon ! marmonna-t-elle, perplexe. Eh bien, d'accord, je vais t'aider à contrevenir aux règles.

— Voici pour les frais d'expertise. » Et je sortis de mon sac trois mille yuans que je lui tendis.

Elle répondit avec naturel : « J'accepte l'argent, car on ne fait pas gratis un travail clandestin. Et si c'est trop, je t'en rendrai, si ce n'est pas assez, tu compléteras !

— D'accord. Pas étonnant que tu plaises aux hommes, tu es franche, tu ne tergiverses pas. »

Un soir de juin, après avoir dîné au Bon Vieux Choix dans la grand-rue avec Deming, nous allâmes nous promener au bord du Songari. Dès l'arrivée de l'été, ce n'était plus la grand-rue qui attirait les habitants de Harbin, c'était le parc Staline au bord du Songari. Les bancs de la promenade ombragée étaient presque tous occupés, et sur les marches de la digue étaient assis des couples d'amoureux enlacés. Les affaires des vendeurs de cerfs-volants et de barbe à papa, de boissons fraîches et de gâteaux de riz glutineux, d'ombrelles et de chapeaux de soleil prospéraient au rythme du réchauffement de l'eau du fleuve. Quand nous atteignîmes le quai numéro neuf, le soleil couchant teintait le fleuve d'or. En plaisantant, je proposai à Deming : « Louons une barque pour aller pêcher des lingots d'or dans le fleuve. » Il approuva, disant que cela lui éviterait de courir par monts et par vaux pour développer la vente des médicaments. Tandis qu'il allait s'enquérir du prix de location d'une barque, je reçus un appel de Weina qui m'annonça les résultats de la recherche d'ADN. Dans les deux échantillons soumis à l'analyse, on avait mis en évidence une séquence de génomes parfaitement identiques, prouvant une parenté par le sang du point de vue génétique. Après ce coup de téléphone, je me mis à claquer des dents et trembler de la tête aux pieds. Deming m'appela pour monter dans la barque qu'il venait de louer. J'allai vers lui en larmes, et il me demanda avec insistance ce qui m'arrivait. Je dis que je pleurais d'émotion à la pensée des lingots d'or que nous allions pêcher et de notre richesse à venir. Il fit la grimace : « Voilà un mensonge plein de poésie ! »

Léna disait que, pour les Juifs, le coucher du soleil marquait le début d'un jour nouveau, mais pour moi, ce soir-là, le soleil se couchait pour toujours, il n'y aurait plus dans ma vie de lever de soleil.

Je me jurai en secret de venger ma mère.

Deming maniait les rames et j'étais assise à la proue, au milieu de cette nature magnifique au crépuscule, réfléchissant aux moyens de supprimer maître Mu. Faire des raviolis à la mort-aux-rats pour l'empoisonner ; mettre des somnifères dans une boisson pour lui faire perdre connaissance, puis lui ouvrir les veines des poignets pour faire couler son sang immonde jusqu'à la dernière goutte, en donnant l'apparence d'un suicide ; soulever le couvercle détérioré d'un regard d'égout dans une rue mal éclairée et l'attirer en ce lieu en pleine nuit pour qu'il tombe dans l'égout, car une âme dégoûtante devait finir dans les eaux de vidange. Mais je risquais d'être démasquée, or je ne voulais pas être condamnée à mort comme meurtrière, je ne voulais pas perdre Deming.

Le clapotis de l'eau évoquait le bruit des pages que l'on tourne, comme si le Songari était un lettré de talent en train de manier le pinceau pour écrire une œuvre brillante. Je me dis soudain : « Pourquoi ne pas utiliser une barque ? » Il m'avait dit qu'il était sujet au vertige et avait peur de l'eau. Il suffisait d'arriver à le faire monter en barque, de profiter du crépuscule pour s'éloigner des regards sur le fleuve désert et de le pousser dans l'eau alors qu'il ne s'y attendait pas, pour l'envoyer rejoindre le dieu des Enfers. Ainsi, je serais parfaitement justifiée à déclarer à la face du monde : « Mon père adoptif est tombé à l'eau par mégarde, nous ne savons nager ni l'un ni l'autre, il n'a pas pu se sauver et je n'ai rien pu faire pour le sauver. » Cela semblait être le plan le plus réalisable.

Il faisait nuit noire quand nous regagnâmes la rive. Deming me demanda de rentrer avec lui, disant que, par une si belle nuit, nous avions besoin d'un moment de tendresse. Je n'étais pas d'humeur et je refusai. Deming se mit en colère, il téléphona à un grand établissement de bains devant moi, pour prendre rendez-vous avec une masseuse. Il déclara : « Oui, j'arrive dans une demi-heure, je veux une fille de dix-huit ou dix-neuf ans aux cheveux longs, qui connaît son métier. Et je ne veux pas d'une fumeuse ni qu'elle ait les ongles trop pointus !

— Fais-moi réserver un canard, je veux dire un masseur complaisant, dis-je.

— De quelle sorte le veux-tu ? » Il prononça ces mots avec le sifflement d'un serpent sur le point d'attaquer.

« Je voudrais qu'il me… » Je marquai une pause avant de cracher les mots vulgaires « besogne à mort »…

« Cet établissement n'a que des poules, pas de canard ! » hurla Deming. Puis il me gifla, avant de me serrer dans ses bras en tremblant : « Xiao'e, je t'en supplie, ne va surtout pas te détruire pour te venger de moi ! Ecoute, traversons le fleuve jusqu'à l'île du Soleil. On peut y louer une tente. Nous n'irons nulle part ailleurs, nous passerons la nuit là-bas. »

Il m'entraîna comme un automate, nous prîmes le bac jusqu'à l'île plongée dans l'obscurité. Nous louâmes une tente rouge et bleu, ronde comme un ballon. Cette nuit-là, nous nous déchaînâmes comme si notre dernier jour était arrivé. Nos corps luisant de sueur, tels deux poissons jetés sur la berge, nous fîmes l'amour jusqu'à être brisés de fatigue. Sur le point de m'endormir, je demandai doucement à Deming : « Pourquoi ne veux-tu pas d'une fille aux ongles pointus ? » Il m'expliqua d'une voix lasse : « Certaines filles, quand elles jouissent, aiment t'agripper furieusement. Leurs ongles pointus sont comme des poinçons blessants. »

Son explication m'atteignit au cœur.

Avant de mettre mon projet d'assassinat à exécution, j'allai plusieurs fois canoter sur le Songari. Je m'entraînai à manier les rames de façon à maintenir la barque stable. Je ne voulais pas qu'elle se retourne quand je pousserais maître Mu à l'eau. Pour mieux le tromper, je n'oubliai pas, pendant ce temps, de l'appeler pour prendre de ses nouvelles.

L'occasion se présenta enfin un soir, en fin de semaine.

Maître Mu me téléphona soudain, déclarant qu'une fille adoptive devait être gâtée, il voulait m'offrir un collier en or et me demanda où aller l'acheter. Je lui indiquai le centre commercial proche du Songari.

Quand nous nous retrouvâmes, le soleil se couchait. Maître Mu portait un tee-shirt à rayures bleues et blanches sur un pantalon gris. Il était rasé de frais, propre et net, il n'était plus aussi voûté, et de la douceur émanait de son regard. Je lui dis que j'avais vu dans le journal un collier d'un style nouveau, présenté par Zhou Shengsheng. Je le trouvais très joli et j'étais entrée me renseigner au magasin en l'attendant, mais cet article n'était pas encore en vente à Harbin. Je préférais attendre pour l'acheter. Maître Mu déclara sans hésiter : « Tant qu'à acheter, autant que cela te plaise, attendons ! » Mais puisque nous étions devant le centre commercial, pourquoi ne pas y faire un tour ? Il trouvait que j'étais habillée trop simplement, il voulait m'offrir une jupe fantaisie. Je suggérai que ce soit une autre fois. J'avais un peu mal à la tête, je préférais aller canoter sur le Songari pour me rafraîchir. Il me demanda si je savais ramer, et j'acquiesçai. Tout réjoui, il s'écria : « Eh bien, c'est parfait ! »

En allant vers le fleuve, je m'arrêtais spontanément quand il y avait de l'animation pour le laisser en profiter une dernière fois. C'était justement la période de l'Eté musical de Harbin, et la grand-rue était le centre prestigieux de cette manifestation. Sur la place de la Bière, à côté de l'hôtel Moderne, on jouait de la musique de chambre, et à la porte de la Tour de la Vallée d'or, un saxophoniste attirait de nombreux promeneurs. Maître Mu ne s'approcha pas, il orientait le pavillon de son oreille comme si c'était un disque vide et qu'en le remuant il pouvait enregistrer cette belle musique.

Quand nous louâmes une barque sur le quai proche du monument commémorant la prévention des crues, le soleil était couché. Les canots circulaient sur le fleuve, mais on y était bien plus au calme que sur la rive. Maître Mu était assis à la proue de la petite embarcation et j'étais à l'arrière. Nous nous faisions face, à moins de deux mètres de distance.

D'abord un peu tendu, maître Mu se tranquillisa quand il s'aperçut que j'étais capable d'éviter les autres barques avec aisance. Il s'exclama gaiement : « On est bien mieux sur l'eau que sur la rive, il n'y a pas de poussière et il fait frais ! » Il éleva la voix pour me demander si je chantais. Je secouai la tête en le fixant droit dans les yeux : « Maman chantait. » Il baissa la tête et demanda doucement : « Chantait-elle bien ?

— Oh oui ! Des chants populaires. »

Les lèvres tremblantes, il déclara : « Ils sont beaux, les chants populaires… »

Je dirigeai la barque vers le côté nord du pont sur le fleuve, là où l'énorme culée pourrait servir de protection à mon crime. C'est là que j'avais l'intention d'agir.

La nuit tombait, et sur le fleuve le va-et-vient des bacs continuait, mais les barques de promenade rentraient les unes après les autres. La surface de l'eau assombrie paraissait plus vaste. Le vent qui avait forci donnait une impression de froid. Le bruit des avirons frappant l'eau ne s'entendait pas au début, mais à mesure que nous nous éloignions du vacarme et que nous nous isolions, il s'intensifiait. J'étais en nage, et quand j'approchai du pont, maître Mu me demanda : « As-tu encore mal à la tête ?

— Je me sens beaucoup mieux.

— Le vent forcit, il faut rentrer sans tarder. »

Mais je ne pouvais pas rentrer maintenant, il fallait que je le fasse s'enfoncer dans l'abîme.

Quand la barque atteignit la culée du pont, il n'y avait pas un seul bateau en vue à deux cents mètres de distance. Juste à ce moment-là, un train passait sur le pont dans un grondement puissant, c'était le moment d'agir. Tout doucement, je lâchai les avirons et je me levai pour me jeter sur lui. Mais je ne sais si c'était d'être restée longtemps assise ou un effet de la peur, les jambes tremblantes, j'étais incapable de faire un pas. Le train eut vite franchi le pont, et la barque commença à tanguer, mais j'étais toujours incapable de bouger. Maître Mu s'écria : « Xiao'e… qu'est-ce qui se passe ?

— Ce qui se passe ? Tu dois le savoir ! » En sanglotant, je lâchai sans réfléchir : « Tu as caché un crime ! »

Il faisait sombre sous le pont, mais la surface de l'eau à deux ou trois mètres des piles, éclairée par les lumières du pont, semblait recevoir une pluie de fleurs printanières, offrant un spectacle d'une fraîcheur indescriptible.

Maître Mu, cramponné aux bords de la barque, se tourna vers ces lumières sur l'eau. Il gémit : « J'aurais dû me douter que tu savais.

— Tu as violé ma maman ! criai-je, en larmes. Un homme qui viole une femme est un salaud ! Il doit mourir ! »

Le courant était assez calme sous le pont, mais la barque tournait sur elle-même. Maître Mu me cria de m'asseoir et de reprendre les rames. Quand il m'aurait raconté son histoire, si je voulais toujours qu'il paie ce crime de sa vie, il accepterait sans se plaindre.

En réalité, je ne tenais plus debout et ses paroles me donnèrent une raison de m'asseoir.

Pendant son récit, maître Mu passait sans cesse ses deux mains sur son visage. « La misère et la maladie sont deux terribles fléaux. J'ai eu une enfance heureuse, mais la maladie de Keshan, comme un cauchemar, a pris la vie de mes parents et de mon frère aîné. Orphelin, j'ai été recueilli par un berger. Cet homme bon était pauvre, âgé et laid. Aucune femme n'avait consenti à l'épouser. Quand j'étais adolescent, mon père adoptif a eu une attaque, et je suis allé m'occuper des animaux de la brigade de production pour gagner de quoi nous nourrir. Mon père était paralysé, mais il gardait une conscience claire. Me voyant devenir jeune homme, il n'a pas voulu que je continue à être valet d'écurie. J'ai appris plus tard de la bouche des voisins qu'il craignait que je n'arrive pas à me marier et que je me contente du commerce avec les chèvres de l'étable ! Il disait que lorsqu'on est un homme, on ne doit pas forniquer avec le bétail. » Sa voix trembla en prononçant ces paroles.

« Notre village était pauvre et le vôtre assez riche. Chaque année, à la fête des Morts et à la fête des Mânes, longeant la rivière Wuyur, j'allais le soir jusqu'aux tombes de votre village ramasser les offrandes que vous y aviez déposées. Une année, j'ai remporté à la maison un demi-sac de petits pains à la farine blanche ! Quand j'avais de la chance, je trouvais de la viande fumée, des œufs, du poisson, des pommes, des cigarettes, des fruits secs… Je n'avais jamais rencontré personne près des tombes, car lorsque j'y arrivais, tout le monde était rentré après s'être recueilli. Mais cette année-là, le quinze du septième mois, au milieu des tombes de la colline de l'est, j'ai rencontré une femme ! Au premier coup d'œil, j'ai été bouleversé par ses lèvres pleines, ses yeux brillants. Vêtue d'une veste indigo fleurie, elle était charmante. Je n'ai pas pu résister, je me suis jeté sur elle.

— Elle ne s'est pas débattue ? demandai-je en tremblant.

— Oh si ! Mais quand je lui ai dit qu'à mon âge je n'avais pas encore goûté à une femme et que si elle n'y consentait pas, je n'aurais plus qu'à me satisfaire sur une chèvre, réduit à l'état d'animal, elle a cessé de se débattre. Elle m'a laissé faire, mais en tremblant sans cesse, et moi aussi je tremblais.

— Quelle honte ! m'écriai-je. Tu aurais dû mourir foudroyé, piétiné à mort par tes bêtes, dévoré par les loups !

— Xiao'e… peux-tu me laisser une chance ? J'irai me dénoncer pour le crime que j'ai commis et je ferai toutes les années de prison auxquelles le tribunal me condamnera. Parce que tu existes, je veux bien rester en prison jusqu'à ma mort.

— Si tu te dénonces, je serai impliquée. Te figures-tu que je veux que les gens sachent que je suis la fille d'un violeur ? Tu rêves !

— Je comprends… » Il avait retrouvé son calme pour prononcer ces mots.

Avant de se jeter dans le fleuve, il me laissa le porte-monnaie qu'il avait sur lui en me disant qu'il contenait une carte de crédit de l'Unionpay sans code secret. Il détenait plus de cinquante mille yuans et espérait que je pourrais m'en servir pour mon trousseau quand je me marierais. Ses dernières paroles furent : « Prends ton temps pour rentrer. Quand tu auras regagné la rive, appelle un taxi, ne circule pas à pied la nuit. »

Puis, d'une détente, il se jeta dans le courant.

Quand je m'éloignai du pont, la lune apparut.

Mais ce soir-là, elle me parut blême, d'une pâleur diabolique.

13

Le corps de maître Mu fut retrouvé vers Daowai.

Ce soir-là, dès mon retour au quai, je donnai l'alarme, disant que mon père adoptif, mal assuré sur son siège, était tombé à l'eau près du pont. Quand le canot de sauvetage franchit le pont à sa recherche vers l'aval, on le découvrit, flottant entre deux eaux sous le clair de lune, telle une salamandre noire.

La police me suspecta, il y eut une autopsie. L'examen ne décela aucune blessure externe ou interne. Il confirma la mort par noyade.

Le père de Deming acheta une concession au cimetière de Huangshan, et l'on fit à maître Mu de belles funérailles.

Lui mort, je croyais qu'une fois cette vieille haine assouvie, je me sentirais libérée, mais en réalité il n'en fut rien.

Je perdis le sommeil et l'appétit. J'étais distraite, je faisais de nombreuses erreurs dans mon travail. Je marquais de rouge toute une série de mots justes, corrigeant à tort et à travers ; mais là où il y avait une erreur, comme une aveugle, je ne la voyais pas. Le plus terrible, c'est qu'un jour je corrigeai le mot le plus important de l'éditorial de la une, *qizhi,* le drapeau, en *qizi,* l'épouse. Heureusement, le rédacteur en chef adjoint, qui était de service, était un homme consciencieux, il remarqua cette énorme faute qui fut rectifiée avant l'impression. Le directeur se fâcha tout rouge, il me convoqua pour me dire que pour une correctrice professionnelle, c'était une faute impardonnable. Il ajouta que pendant la Révolution culturelle, une telle faute aurait été considérée comme un crime politique et que j'aurais été jetée en prison. Si je récidivais, l'agence me licencierait.

Pour ne pas perdre ma pitance, quand je corrigeais, j'examinais chaque caractère comme si je l'avais perdu de vue depuis longtemps, je le regardais plutôt deux fois qu'une, si bien que j'avais mal aux yeux et que je devais mettre du collyre plusieurs fois par jour.

J'avais perdu l'appétit, j'étais blême, je m'habillais n'importe comment. Il m'arrivait souvent d'aller au travail avec des bas dépareillés ou la veste boutonnée en menteuse. Le pire, c'était les cauchemars la nuit, je poussais des cris perçants qui réveillaient Léna.

Deming se figurait que mon comportement anormal venait de ce que j'avais vu maître Mu tomber à l'eau sans pouvoir agir et du traumatisme qui en était résulté. Il voulait m'aider à trouver un autre père adoptif et disait qu'en ce monde on n'avait qu'un seul père par le sang, mais qu'il y avait des centaines, des milliers d'hommes prêts à devenir le père adoptif de qui le désirait.

Seule Weina me comprit. Sans savoir exactement ce qui m'était arrivé, elle était sûre que mes troubles étaient dus aux résultats de la recherche d'ADN. Elle me dit que si elle avait su, elle ne m'aurait pas aidée. Elle estimait qu'en ce monde on est plus heureux ignorant que lucide. Elle me suggéra de prendre un congé pour me remettre. A ce moment-là, j'étais épuisée physiquement et moralement par mon travail. J'avais des doutes sur chaque caractère que je relisais. Sur le point de m'effondrer, je suivis le conseil de Weina, je demandai un congé de maladie.

J'avais caché sous mon sommier la carte de paiement laissée par maître Mu sans oser m'en servir. Pendant mon congé, je la sortis et la mis dans mon porte-monnaie. Comme il l'avait souhaité, j'allai m'acheter une jupe à fleurs au centre commercial. Lors du premier paiement, je n'en menais pas large, je regardais à droite et à gauche comme une voleuse, et ma main tremblait quand je traçai le nom de Mu Zhangguan sur la facture. L'achat réalisé, quand j'eus la jupe en main, je redoublai d'audace. Lorsque j'utilisais la carte, je gardais mon sang-froid, comme si elle m'avait toujours appartenu. Je me lançai dans des achats effrénés : un collier en or, un téléphone, un bracelet de jade vert, des souliers de luxe et des lunettes de soleil. En l'espace d'une semaine, je changeai de look et dépensai plus de dix mille yuans. Je ne courais pas seulement les magasins, je fréquentais les bons restaurants pour déguster des mets raffinés, la plupart d'entre eux acceptant le paiement par carte. Je me régalais de petites langoustes au piment et de poisson au court-bouillon relevé, si bien que j'avais les lèvres toutes rouges, irritées par le piment, et je n'avais pas besoin de rouge à lèvres. Me voyant habillée de façon séduisante, avec sans cesse de nouvelles affaires, Deming se persuada que je tournais mal. A ses yeux, une fille pas tellement jolie et d'un caractère difficile comme moi n'avait guère de chances de se trouver un protecteur fortuné. Si je n'avais pas de riche protecteur, que je n'avais pas gagné à la loterie et que tout à coup j'étais à l'aise, c'est sûrement que je faisais le tapin.

Deming se montrait froid à mon égard, mais je tenais à lui. Un jour où j'étais allée le voir sans m'annoncer, après être passée sous la douche, j'ouvris sa valise, enfilai son vêtement funéraire et courus vers lui qui m'attendait avec impatience dans le lit. Terrorisé, il se cacha sous les draps en criant d'une voix déchirante : « Diablesse ! » et il se détourna de moi.

J'avais satisfait mes désirs de biens matériels, mais moralement j'étais toujours dans un état critique. Je prenais des calmants le soir, sans arriver à dormir d'une traite toute une nuit. Je voyais trouble, j'entendais mal, j'avais souvent l'esprit vide. Une nuit, je rêvai de maître Mu. En haillons, pieds nus, il était d'une terrible maigreur. Le teint blême, la barbe hirsute, les paupières tombantes, un bol vide à la main, il mendiait par les rues et les ruelles. Il frappa à ma porte, et quand il me vit, le visage baigné de larmes, il s'écria : « Ma petite fille ! » Je me réveillai en sursaut, tout en sueur, et les yeux rivés au plafond obscur, je sanglotai désespérément. Léna se réveilla, alluma la lumière dans la salle et ouvrit la porte de ma chambre. Dans le halo jaunâtre, toute menue dans sa chemise de nuit de soie blanche, les cheveux flottant sur le dos, elle me fit si peur que je hurlai. Elle s'approcha et me dit doucement : « Xiao'e, ne crains rien, c'est moi, Léna. »

Criant son nom, je me jetai dans ses bras en la suppliant : « Léna, venez à mon secours ! »

Tout en me caressant doucement les cheveux, elle me demanda : « Tu as perdu ton travail ?

— Non, mais ça ne saurait tarder.

— Le représentant en médicaments t'a quittée ?

— Un jour, j'ai revêtu son costume funéraire et je l'ai terrorisé ! Mais ce n'est pas seulement à cause de cela.

— Xiao'e, tu n'aurais pas une grave maladie ? » Léna, me prenant par l'épaule, me regarda fixement. « Ces temps-ci, tu es pâle à faire peur, tous les jours tu fais des dépenses, serait-ce parce que tes jours sont comptés ?

— Non, ce n'est pas ça ! » Finalement, incapable de me contenir, j'avouai : « J'ai acculé mon propre père à la mort, c'est moi qui l'ai tué ! »

Frappée de stupeur, Léna me lâcha, se dressa toute raide, livide, et s'éloigna lentement. De sa chambre me parvint bientôt sa voix en prière. Au cœur de la nuit, les prières mêlées au subtil parfum des fleurs, je ressentais cette voix comme un rameau embaumé de fleurs printanières, d'une beauté indescriptible.

Après avoir prié, Léna alla dans la cuisine préparer une collation qu'elle porta sur la petite table près du piano, puis elle m'appela.

Ce fut une longue conversation : assises l'une en face de l'autre, nous buvions notre thé vert en mangeant du fromage salé. Je lui racontai sans rien omettre tout ce que je cachais au fond de mon cœur. Quand elle eut entendu ma douloureuse histoire, elle me révéla le secret qu'elle gardait caché au plus profond d'elle-même.

Comme moi, elle avait causé la mort de son père. La seule différence, c'est que j'avais fait mourir mon père biologique, tandis qu'elle avait tué son beau-père.

Sa mère s'était remariée à l'époque de l'occupation japonaise de la Mandchourie. Les Juifs réfugiés en Mandchourie rêvaient tous de recréer un Etat juif.

Parmi eux, certains mirent cet espoir dans les Japonais. Ceux-ci acceptèrent secrètement de leur permettre de réaliser ce rêve sur le territoire chinois.

D'après Léna, son beau-père était commerçant, mais ses relations avec les Japonais ne se limitaient pas au monde des affaires. Il lui arrivait d'inviter des hommes politiques et des militaires au Nouveau Monde ou à l'hôtel Moderne. Léna avait dix-huit ans quand son beau-père, contrairement aux habitudes, invita un Japonais chez lui un jour d'été. Ce Japonais venait de Changchun, rebaptisée Nouvelle Capitale. Il occupait un poste important au sein de l'état-major de l'armée de Mandchourie et s'était arrêté à Harbin alors qu'il se rendait à Manzhouli inspecter les ouvrages de défense sur la frontière. Il avait dix ans de plus que Léna. Petit et maigre, il avait des yeux d'aigle. C'était un homme sérieux, de tempérament sombre, qui parlait couramment chinois. Pendant le repas, son beau-père demanda à Léna de jouer un morceau au piano, et elle choisit *Scènes d'enfants* de Robert Schumann. Elle ne se serait jamais doutée que l'officier, revenant de Manzhouli, repasserait exprès par Harbin leur rendre visite et la demander en mariage. Sa mère ne voulait pas la voir épouser un Japonais, elle ne voulait surtout pas qu'elle quitte Harbin. Son beau-père en revanche accueillit la demande avec enthousiasme, disant que si Léna liait sa vie à un tel personnage, cela contribuerait à la réalisation du rêve d'un Etat juif, et il ne ménagea pas ses efforts pour convaincre Léna. Mais cette dernière refusa fermement d'épouser un militaire et qui plus est un Japonais. Son beau-père parut se ranger à sa décision, mais en réalité il mit au point un stratagème pour l'offrir sur un plateau à l'officier.

La veille du départ du Japonais, son beau-père prit prétexte d'un récital de Bielitskaia au Club du rail pour inviter Léna à l'accompagner, sachant combien elle aimait entendre la chanteuse interpréter les chants traditionnels juifs. Elle ne s'attendait pas à découvrir le Japonais déjà assis à la place voisine de la sienne. Voilà pourquoi, lorsque sa mère avait exprimé le désir de les accompagner, son beau-père avait précisé qu'il n'y avait plus de places ! Après le récital, ils montèrent dans la même voiture et son beau-père déclara qu'ils devaient d'abord reconduire leur invité à son hôtel. Il faisait nuit noire, il y avait peu de mouvement dans les rues et l'éclairage était parcimonieux. A l'entrée du Grand Hôtel, l'officier les invita à venir prendre un verre et son beau-père accepta avec empressement. Croyant qu'avec son beau-père elle ne risquait rien, Léna les suivit. L'officier les conduisit dans sa chambre et appela un serveur. On lui demanda ce qu'elle voulait boire, et elle choisit un café au lait plutôt que du saké ou du thé. Elle prit sa tasse et commençait à boire quand son beau-père l'incita à aller se laver les mains. Quand elle revint et eut avalé son café, elle se sentit sans forces, la vue trouble, prise d'une irrépressible envie de dormir. Elle s'écria qu'elle voulait rentrer, mais son beau-père n'en tint pas compte et s'éclipsa en la laissant seule avec l'officier. En un éclair, elle comprit qu'ils avaient drogué son café. Le lendemain matin à son réveil, elle était nue dans le lit de l'officier. Il lui fit une déclaration enflammée, disant qu'il l'aimait, qu'il aimait son jeu au piano et souhaitait qu'elle devienne sa femme. Mais elle lui déclara : « Même sous la menace de votre revolver, jamais je n'y consentirai ! » Son beau-père arriva tandis qu'elle se débattait pour sortir du lit. Quand il était rentré la veille, il avait raconté à sa femme que Léna avait rencontré son amie Natacha à la soirée et était allée passer la nuit chez elle. Elles étaient bonnes amies, prenaient des cours de piano et de peinture ensemble. Il lui était souvent arrivé de rester chez Natacha pour le plaisir, aussi sa mère ne s'en était-elle pas étonnée.

Son beau-père se figurait qu'ayant été déflorée par l'officier, elle s'inclinerait et accepterait le mariage, il ne se doutait pas qu'elle aurait préféré mourir. A partir de ce moment-là, elle voulut la mort de son beau-père. Elle ne laisserait pas sa mère continuer à vivre avec un homme aussi cruel. L'officier rentré à la capitale ne pouvait l'oublier, il revint plusieurs fois à Harbin pour la voir. Devant une telle obstination, Léna se mit à simuler la folie, et son stratagème réussit. Voyant qu'elle perdait l'esprit, il ne revint plus. Léna me déclara fièrement qu'elle était une remarquable comédienne car même sa mère et son beau-père s'y étaient laissé prendre.

L'officier japonais disparu de sa vie, Léna mit au point son plan de vengeance. Son beau-père s'adonnait à l'opium, mais il ne fréquentait pas les fumeries, il ne fumait qu'à la maison. Il avait aménagé une pièce baptisée salon de réception, mais en réalité c'était sa fumerie. Il avait deux pipes disposées précieusement sur une longue table en bois d'eucalyptus. L'une avait un tuyau en bambou tacheté du Hunan, un embout serti d'argent, un bec en jade et un fourneau en terre en forme de capsule de pavot ; le tuyau de l'autre était en corne de rhinocéros d'Afrique, sculpté de chauves-souris et d'œillets, le bec en ivoire et l'embout enchâssé dans de l'or ; sur les côtés du fourneau en terre de Yixing en forme d'étoile à six branches étaient incrustés six rubis, c'était un magnifique objet. Son beau-père les aimait autant l'une que l'autre. Quand il fumait, allongé sur son lit de repos, absorbant puis rejetant la fumée, enivré et perdu dans ses rêves, personne ne devait le déranger.

Léna jeta son dévolu sur ces deux pipes, elle voulait le tuer sans qu'il s'en rende compte. Elle acheta de l'arsenic et, chaque semaine, elle en introduisait par le bec et par le fourneau à l'aide d'un cure-dent, lui ouvrant ainsi la voie vers la mort. L'arsenic en embuscade dans la pipe aspirait chaque jour les forces de son beau-père. Dès lors, chaque fois qu'il fumait, il était pris de malaises pendant plusieurs jours, mais plus il se sentait mal, plus il avait envie de fumer. Il devint irritable, il maigrissait, toussait, avait des douleurs dans la poitrine. Enfin, un jour, après avoir fumé, il allait à ses affaires dans l'entreprise étrangère Songpu, quand il s'écroula dans la rue, mort subitement. Tout le monde, y compris sa femme, crut qu'il était mort d'avoir trop fumé d'opium, et on l'enterra sans histoires. Après les obsèques, Léna cessa de simuler la folie, elle reprit son comportement normal. La mère de Léna haïssait les pipes à opium, elle les appelait « esprits mauvais ». Elle les jeta dans le feu et les fit brûler malgré leur grand prix. Ce que Léna regretta le plus, c'étaient les six rubis incrustés dans le fourneau de l'une d'elles.

Peu de temps après la mort de son beau-père, le Japon annonça sa capitulation sans conditions et le Nord-Est recouvra sa liberté. Léna apprit par la presse que l'officier japonais qui l'avait violée s'était donné la mort par le sabre chez lui la veille de la reddition. C'est alors qu'elle accueillit l'aurore de l'amour, qui ne cessa d'illuminer son cœur sans jamais s'éteindre jusqu'à son grand âge.

Léna qui était née et avait grandi à Harbin parlait aussi bien russe que chinois. Lorsque l'Armée rouge soviétique arriva, elle fut engagée par le consulat soviétique pour servir d'interprète. Elle prit part au règlement de certaines affaires consécutives à la guerre. Elle eut ainsi l'occasion de faire la connaissance d'un diplomate soviétique. C'était un homme élégant et distingué, de dix ans son aîné, amateur de musique et de peinture. Elle savait qu'il avait une famille en URSS et quitterait bientôt la Chine, mais elle ne put s'empêcher de tomber amoureuse. Je lui demandai le nom de cet homme, mais elle refusa de me le donner. Elle m'apprit simplement qu'il était, comme elle, excellent musicien. Ayant réussi à attirer et capturer le chef d'un groupe de Russes blancs projaponais, il fut chargé de le convoyer jusqu'à Moscou, où cet homme devait être incarcéré à la Loubianka.

Pour faire ses adieux à Léna, le diplomate l'invita à dîner à l'hôtel Moderne. Il lui offrit une broche en forme de flocon de neige. Ils passèrent la soirée à boire et danser. C'était un danseur exceptionnel, qui conduisait sa cavalière à la perfection, fermement mais avec délicatesse. Dans ses bras, elle se sentait comme sur un nuage. Après s'être dit adieu, ils ne s'étaient jamais revus.

« Vous ne vous êtes même pas écrit ? »

Léna secoua la tête.

« Le jour de vos adieux, quand vous avez dansé avec lui, vous étiez-vous fait une natte ?

— Comment le sais-tu ? demanda Léna, étonnée.

— Quand vous m'avez invitée à l'hôtel Moderne pour le Nouvel An, vous aviez natté vos cheveux, et la broche que vous portiez, c'était celle qu'il vous avait offerte. »

Léna pinça les lèvres dans un sourire confus.

« Vous n'aviez alors guère plus de vingt ans et vous avez gardé en vous cet amour tout au long de votre vie, c'est magnifique.

— Xiao'e, je peux bien te l'avouer, après son départ, j'étais affreusement malheureuse. Tous les soirs, je pleurais en cachette, j'avais beaucoup maigri. J'ai eu peur de sombrer dans la folie. C'est en mars de l'année suivante que je suis allée à Suzhou voir les fleurs de prunier sur le mont de la Mer de neige parfumée. Dans les jardins de pruniers, j'ai vu les fleurs s'épanouir puis se faner. Je me suis dit qu'un bel amour, comme les fleurs, n'a qu'un temps, et cela m'a rassérénée. De toute façon, je m'étais épanouie et je gardais au fond de mon cœur ce parfum que je pourrais faire revivre tout au long de ma vie. »

Je compris alors pourquoi Léna n'avait pas fait enterrer sa mère avec son beau-père. Je lui demandai si elle haïssait toujours son beau-père. D'un air qui en disait long, elle déclara : « Je l'ai tué, c'est de ce crime qu'il faut que je me purifie. »

Touchée, je lui demandai : « Tuer un démon, c'est quand même un crime ? »

Sans répondre, elle retourna dans sa chambre chercher le coffret orné de l'étoile à six branches et m'expliqua qu'en plus de son livre de prières, elle y gardait précieusement la broche offerte par le diplomate et un sachet qu'elle avait confectionné de ses mains pour conserver les fleurs rapportées du mont de la Mer de neige parfumée. Elle me recommanda de l'envelopper dans un drap blanc quand elle mourrait et de la faire incinérer avec la broche et le sachet.

Quant au coffret et au livre de prières, je devrais les remettre à la nouvelle synagogue. Pour le reste de ses biens, la maison et les meubles, son homme de loi s'en occuperait. Mais elle comptait sur moi pour disposer selon ses désirs du coffret et de son contenu.

Je le lui promis. Le jour était levé.

14

Quand arrive l'été à Harbin, c'est dans toutes les familles une épreuve pour les armoires. Les gros vêtements d'hiver déjà serrés à ne pouvoir remuer bras et jambes doivent faire de la place aux tenues de printemps. L'espace est encore plus restreint si l'on ajoute les boules de camphre antimites qui répandent une odeur désagréable. On peut imaginer combien les armoires étouffent.

Tant pis pour les armoires, les femmes, elles, sont enchantées.

Rares sont celles qui n'aiment pas l'été. La saison leur permet de ressortir des corsages de soie décolletés et de faire les coquettes. Pourtant, certaines femmes mariées se plaignent que l'été on transpire beaucoup et qu'il faut laver les maillots de corps de la famille tous les jours ; de plus, c'est l'époque où les hommes ont envie de bière glacée. Par petits groupes devant les éventaires du marché de nuit ou les débits de boissons donnant sur la rue, ils en boivent accompagnée de légumes salés au piment. Pas question pour eux de rentrer avant minuit, et sans y penser, ils laissent leurs femmes seules. Elles ont beau grogner, leurs tâches ménagères accomplies, après une nuit de repos elles mettent le matin une jolie tenue d'été, et quand elles se regardent dans la glace, elles retrouvent leur bonne humeur.

Mais moi, je n'osais pas porter de vêtements d'été qui découvrent la peau, ni minijupes, ni tee-shirts de couleurs vives à col en V, ni corsages à manches courtes, ni shorts en jean délavé, ni nu-pieds. Je me mis à acheter des tenues vieillottes, corsages à manches longues boutonnés haut et jupes traînant jusqu'à terre qui auraient pu servir de serpillière. Je remplaçai les nu-pieds par des souliers de cuir fermés qui cachaient les orteils. J'étais empaquetée encore plus strictement qu'une nonne, sans laisser voir le moindre pouce de peau.

Depuis que j'avais révélé mon secret à Léna, comme si je m'étais trouvé une complice, je n'étais plus aussi effrayée, je faisais moins de cauchemars, j'étais plus détendue. Mais ce n'était pas le cas de Léna. Elle avait l'air plus sombre et me regardait souvent fixement. Je crus qu'elle regrettait de m'avoir confié son histoire. En effet, ce sont les secrets enterrés au fond du cœur qui sont les mieux gardés. Je lui déclarai que, bien que travaillant dans un journal, je n'étais pas de ces journalistes sans conscience qui auraient raconté son histoire, jamais je ne dévoilerais son secret.

Après m'avoir écoutée, elle finit par m'avouer la vérité. Ce n'était pas pour elle qu'elle s'inquiétait, mais pour moi. J'avais contraint mon père à mourir, mais elle ne discernait dans mes yeux aucun repentir, et cela lui faisait peur. Qui ignore le repentir ne verra jamais se lever l'aurore dans l'autre monde. Je me rappelai ce que Deming m'avait dit un jour : ce qui l'avait attiré vers moi, c'était un fond de désespoir dans mon regard qui trouvait un écho en lui. D'après ce que disait Léna, lui non plus ne connaîtrait pas l'aurore dans l'autre monde.

Léna me raconta qu'après la proclamation de l'Etat d'Israël en 1948, au début des années cinquante, les Juifs de Harbin étaient partis les uns après les autres pour Israël. Mais elle n'avait jamais eu l'idée de s'en aller. D'abord parce que, au temps où les Juifs étaient persécutés, c'était Harbin qui les avait accueillis et leur avait offert une épaule secourable. Mais aussi parce qu'elle avait aimé et haï à Harbin. Pour elle, le lieu où l'on aime devient votre pays natal, et le lieu où l'on connaît la haine est celui où l'Eternel vous donne le baptême. Il faut détruire la haine en soi pour sentir les ailes de l'ange, pour obtenir l'indulgence de l'Eternel. Depuis plus d'un demi-siècle, son amour n'avait pas changé, mais sa haine envers son beau-père s'était peu à peu éteinte.

« Mais Léna, même en ce monde, je suis dans l'obscurité, je ne crois pas à l'aurore dans l'autre monde.

— En ce monde, il y a autant d'obscurité que de lumière. C'est pour cela que l'Eternel montre deux voies à l'humanité qui erre entre ombre et lumière : l'une est la lumière éternelle et l'autre l'obscurité éternelle. »

Je déclarai sarcastiquement : « Hé oui ! C'est le choix entre le Paradis et l'Enfer, n'est-ce pas ? Au Paradis, tout est lumière, mais je suis sensible aux rayons ultraviolets. Si j'y allais, peut-être que je ne le supporterais pas ! L'Enfer n'a rien de terrible à mes yeux, ne suis-je pas déjà en enfer ? L'autre Enfer ne me fait pas peur. » Et je sentis les larmes me monter aux yeux.

Les larmes aux yeux, elle aussi, Léna poursuivit : « Pourtant, Xiao'e, j'y ai réfléchi. Ce que ton père a fait à ta mère parmi les tombes n'est pas impardonnable. Ta mère ne l'a-t-elle pas pris en pitié, puisqu'elle a fini par le laisser faire ?

— Vous voulez dire que ce n'était pas un viol, que je n'aurais pas dû le faire mourir ? Mais alors, pour quel motif avez-vous empoisonné votre beau-père à l'arsenic ?

— Je te l'ai déjà dit, reprit-elle, touchée, je suis en train de me laver de mon crime.

— Je ne suis pas une criminelle, ricanai-je, ne me blâmez pas, je suis une enfant conçue parmi les tombes, je suis l'incarnation d'un démon ! »

Léna se dressa avec une brusquerie que je ne lui avais jamais vue et me gifla, puis elle s'affala sans forces contre moi et éclata en sanglots. C'était la première fois que je l'entendais pleurer ainsi sans retenue. Quand elle se redressa, elle appuya un instant sa joue contre la mienne, puis elle me dit : « Excuse-moi, je n'aurais pas dû te frapper. Tout ce que je voudrais, c'est te faire comprendre la compassion, cette compassion qui est source de paix et de joie. Par ailleurs, as-tu vu une autre fille accoutrée comme toi en été ? Ne considère pas tous les hommes comme des violeurs. »

Quand Léna avait appuyé sa joue contre la mienne, cela m'avait brisé le cœur. Elle avait la peau toute desséchée, comme une feuille morte à l'automne. J'avais l'impression qu'au moindre choc, elle allait se fissurer comme le sol sous l'effet d'un tremblement de terre. Quand une femme se dessèche ainsi, c'est probablement qu'elle va bientôt mourir. Je redoutais qu'elle quitte ce monde.

A partir de ce jour-là, elle alla de moins en moins bien. Auparavant, elle dormait mal, mais maintenant elle dormait trop. Quand elle se levait, hébétée, le soleil de midi brûlait comme du feu. Après avoir fait sa toilette et mangé quelque chose, elle s'enfermait l'après-midi dans sa chambre pour prier. De deux repas par jour, elle passa à un seul, et c'est à peine si elle descendait prendre un café au rez-de-chaussée au crépuscule. Elle n'ouvrait plus son piano mais soignait toujours ses plantes qu'elle n'oubliait pas de biner et d'arroser.

Quand Léna aurait eu particulièrement besoin que je veille sur elle, j'étais chez Weina pour garder Linlin.

Weina devait accompagner une délégation d'hommes d'affaires venue de Hong Kong jusqu'aux terres vierges du Grand Nord. Elle n'était pas tranquille à l'idée de confier Linlin à son père, le docteur Lin. Elle craignait que la petite sorcière artiste peintre ne fasse du mal à son fils. Elle me demanda de passer la semaine chez elle, puisque de toute façon j'étais en congé de maladie. Les jours où je m'occupais de Linlin, je m'arrangeais pour passer voir Léna et lui porter du pain et des fruits. Ses jambes lui obéissaient de plus en plus mal. Quand elle marchait, le corps penché en avant dans l'attitude de quelqu'un qui veut avancer, ses jambes semblaient entravées, elle avait de la peine à se lancer. Quand je lui apportais le pain et les fruits, elle m'en demandait le prix et me payait sans omettre un centime. Mais moi, dans mon trouble, j'oubliai de lui payer la mensualité fixée pour l'eau, l'électricité et le gaz. Elle me la réclama sans hésiter, calculant exactement la somme due.

La veille du retour de Weina était un dimanche. Linlin n'avait pas d'école et, après avoir fait la grasse matinée, nous nous levâmes pour manger un bol de nouilles aux œufs. Il faisait un si beau soleil que je proposai à Linlin de passer d'abord voir grand-mère Léna, puis d'aller à l'île du Soleil voir les manchots du cercle polaire. Tout excité, Linlin qui n'avait pas vu Léna depuis la fête de la Pâque me dit qu'il allait se déguiser en Moïse pour lui faire une surprise.

Comment était Moïse ? D'après moi, il devait porter une cape rouge sur une robe noire et un couvre-chef noir. Tout ce dont Linlin se souvenait, c'est que Moïse avait un bâton. Il ne participa donc pas à l'élaboration du costume et fila vers le débarras. Il finit par trouver une canne en bois de pêcher couleur de santal rouge, qui devait avoir appartenu à son grand-père. Sa maman disait qu'elle la gardait pour quand elle serait vieille et sans personne pour s'occuper d'elle. Elle lui servirait de fils. Linlin me demanda : « Une canne, ça ne parle pas, ça peut servir de fils ? » Je lui dis que non et il en fut d'accord : « Un fils peut parler à sa mère, comment une canne le pourrait-elle ? » Sa réflexion éveilla mon désir d'être mère, et je pensai désespérée à Ji Deming.

Il était midi à notre arrivée chez Léna. Linlin portait une chemise blanche et un pantalon noir, il était coiffé d'un chapeau en jean à bords relevés et maniait sa canne. Il faisait chaud et j'achetai une pastèque au passage pour la partager avec Léna.

D'après ce que nous avions prévu avec Linlin, quand nous serions montés, j'ouvrirais la porte discrètement et je resterais dehors, le laissant entrer pour faire la surprise à Léna.

La porte ouverte, Linlin s'envola en coup de vent avec sa canne. Je l'entendis, prenant une voix d'extraterrestre, déclarer comme en psalmodiant : « Mo.Mo.ïs.ïse arrive... » Léna lança deux éclats de rire, suivis d'un bruit sourd, et Linlin se mit à crier.

Léna s'était écroulée par terre. Elle était en train d'arroser son magnolia. A l'instant de sa chute, l'arrosoir aspergea son visage desséché mais plissé par le rire de fines gouttelettes brillantes comme de la rosée. Le magnolia, jugeant que la rosée ne suffisait pas, fit tomber sur elle quelques pétales couleur d'ivoire en train de se faner, dont le doux parfum accompagna Léna vers l'autre monde.

Léna m'avait depuis longtemps donné le numéro de téléphone de son notaire en me disant que lorsqu'elle s'en irait, la première chose à faire serait de le prévenir. Il ferait le nécessaire pour régler la situation. Je l'appelai aussitôt.

C'était un homme d'une cinquantaine d'années, passionné de musique, pondéré et plein d'expérience. Selon ses dernières volontés, nous enveloppâmes Léna dans un drap blanc avec sa broche et son sachet de fleurs de prunier. Elle fut incinérée et placée près de sa mère dans le cimetière juif. C'est seulement après les obsèques que le notaire m'informa du contenu de son testament. Il m'apprit que peu avant sa mort, elle l'avait modifié en ce qui concernait sa maison. Elle léguait son piano et ses livres sur la musique au lycée où elle avait enseigné ; déduction faite des frais d'obsèques et des honoraires du notaire, elle léguait ses deux cent dix mille yuans d'économies à une maison de retraite. Son bien le plus important était sa maison. J'ignore à qui elle avait prévu de la léguer auparavant et dans quel but, le notaire ne me le révéla pas. Ce qu'il m'apprit, c'est qu'à la fin de sa vie, Léna avait modifié son testament pour me désigner comme héritière de sa maison.

Quand le notaire m'eut annoncé la nouvelle, mon cœur se mit à battre trop vite, comme si j'étais montée en altitude, ma respiration s'accéléra, les joues me brûlèrent, et j'eus un passage à vide, comme si mon cerveau manquait d'oxygène. Le notaire sortit les certificats de propriété du sol et de l'immeuble, et il me demanda quand je voulais qu'il m'emmène accomplir les formalités de changement de propriétaire. Craignant que cela ne soit qu'un rêve, je répondis : « Maintenant… Allons-y maintenant. »

J'avais enfin une maison à moi à Harbin. J'avais peine à croire à ma chance. Je téléphonai à mon frère pour lui annoncer la nouvelle et il arriva en voiture du village la nuit même. A peine entré, tout en sueur, il me dit juste bonjour, et à la façon d'un policier muni d'un ordre de perquisition, il passa en revue le moindre recoin de l'appartement. Puis, avec un soupir de soulagement, il alla sur la terrasse, alluma une cigarette et me dit avec des sanglots dans la voix : « Xiao'e, je ne serai plus obligé de trimer comme une bête ! Sachant combien les appartements sont chers à Harbin, comme tu n'avais pas les moyens d'en acheter un, j'ai économisé soixante-dix mille yuans pour t'aider. »

Je serrai la main de mon frère sans pouvoir retenir mes larmes.

D'habitude, l'été est court à Harbin, mais cette année-là, il me parut long. Au milieu d'août, on ne voyait encore dans les rues que corsages à manches courtes et nu-pieds. La première quinzaine où j'habitai l'appartement de Léna, chaque matin au réveil, je faisais le tour de l'appartement, comme une mule qui fait tourner la meule. J'avais beau savoir que mon nom figurait sur le titre de propriété, je n'arrivais pas à croire qu'il m'appartenait. Je ne touchai pas à l'installation de Léna. A part le piano et les livres qui avaient été déménagés, tout était resté en place comme de son vivant. Les photos d'elle et de sa famille étaient toujours sur la cheminée. Chaque fois que je traversais la pièce, je sentais son regard. A mes oreilles retentissait l'écho de sa voix en prière. Quand je prenais mon thé, je continuais à mettre deux tasses, et quand je sortais, comme autrefois, je la prévenais : « Léna, je sors. » Le seul changement venait des plantes qu'elle soignait avec amour. Dans la salle, sur la terrasse comme dans la chambre, elles dépérissaient et se desséchaient jour après jour. Je n'oubliais pourtant pas de les arroser, d'aérer la terre et de mettre de l'engrais, mais elles périclitaient. J'étais convaincue qu'elles regrettaient leur maîtresse et allaient mourir pour suivre Léna.

Je commençai à penser que Léna avait peut-être raison, qu'il existait un autre monde, invisible pour nos yeux humains. Je me mis à réfléchir à tout ce que j'avais fait à mon père. Est-ce que vraiment son crime était impardonnable ? Pourquoi étais-je si déprimée depuis que j'avais exercé une vengeance que j'estimais justifiée ? Je me remémorai maintes fois cette soirée sur le Songari. Je repensai à sa voix plaintive et suppliante lorsqu'il m'avait demandé de lui laisser une issue, et j'en eus le cœur déchiré. Je téléphonai au père de Ji Deming pour lui demander combien il avait dépensé pour la tombe. Il me dit : « Soixante-dix mille yuans. » Je retirai de la banque les quelque vingt mille yuans du compte de mon père que je n'avais pas dépensés, j'y ajoutai les économies que j'avais faites sur mes dépenses courantes et j'arrivai tout juste à soixante-dix mille. Par une fin de semaine pluvieuse, je me rendis à l'imprimerie pour remettre cette somme au père de Deming. Je lui déclarai qu'en tant que fille adoptive de maître Mu, c'était à moi de faire cette dépense. Il dut lire quelque chose dans mes yeux, car il me dit : « J'accepte cet argent au nom de maître Mu, si cela peut vous procurer la paix. »

J'allais partir quand il ajouta soudain : « Jeune fille, j'ai entendu dire qu'une vieille dame juive vous a légué sa maison. Si cela vous déplaît de l'habiter et que vous vouliez la vendre, je peux vous aider à en trouver une moderne. Dans ce quartier-là, les maisons ont de la valeur, ce n'est pas difficile de trouver un acheteur ! »

J'étais stupéfaite. Je n'avais eu aucun contact avec Deming depuis longtemps. Comment son père pouvait-il être au courant ?

Je le lui demandai, et il mentionna le nom de Weina. Avec quelque hésitation, il m'apprit qu'il avait fait la connaissance de Weina mais ignorait qu'elle travaillait dans la même agence que moi et que nous étions amies. Weina lui avait toujours dit qu'elle était dans une agence de publicité. Il avait découvert récemment aux informations télévisées qu'elle accompagnait une délégation d'hommes d'affaires de Hong Kong pour visiter les terres vierges du Nord, et il avait ainsi appris sa véritable fonction.

Cette explication me fit comprendre la nature sentimentale de ses relations avec Weina.

« Est-ce vous, demandai-je, qui lui avez offert des roses jaunes pour son anniversaire ? »

Il acquiesça.

« Ji Deming est-il au courant ?

— Je lui en ai parlé.

— Qu'est-ce qu'il en dit ?

— Rien de spécial. »

Après avoir pris congé, je me rendis à pied chez Weina en longeant le Songari. J'avais oublié mon parapluie à l'imprimerie, si bien que je dus affronter le crachin sur tout le trajet. C'est bon de marcher sous la pluie, personne ne s'aperçoit que vous pleurez. Il pleuvait sur le Songari et il pleuvait aussi dans mon cœur. Une heure plus tard, quand j'arrivai chez Weina, la pluie avait cessé.

Je trouvai Weina très fatiguée, elle avait mauvaise mine. Elle m'apprit que, depuis la mort de Léna, Linlin avait peur des cannes. Dès qu'il voyait quelqu'un marcher dans la rue en s'appuyant sur une canne, il se sauvait en disant que les cannes peuvent prendre la vie des gens. Ces temps-ci, il était si inquiet qu'il n'osait plus sortir. Elle craignait qu'il ne devienne autiste.

Je me sentis coupable envers Weina : c'était moi qui avais aidé Linlin à se déguiser en Moïse pour aller voir Léna.

« Je sais pourquoi tu viens me voir. Ji Cangxi m'a appelée à l'instant. » Weina me tendit une chemise en coton. J'ôtai mes vêtements mouillés pour éviter de prendre froid. Après avoir allumé une cigarette, elle me dit : « Zhao Xiao'e, tu dissimules l'existence de ton amoureux à tel point que j'ignorais que mon ami était son père. Il n'a appris que tout récemment que je travaillais à l'agence de presse. Mais ne t'inquiète pas. J'aime Ji Cangxi, il m'aime et il aime Linlin. Nous voudrions fonder une famille, mais cela risque d'être difficile. Le docteur Lin sait que j'aime quelqu'un d'autre, mais il refuse de divorcer et revient maintenant trois fois par semaine à la maison. Ce n'est pas tout : il sait que Linlin répugne à sortir, mais il l'emmène au cinéma. A vrai dire, si j'épousais Ji Cangxi et toi Ji Deming, ce serait gênant. Je deviendrais ta belle-mère ! Comment m'appellerais-tu ? Maman, ou grande sœur Weina, comme avant ? » Et Weina éclata de rire. La cendre de sa cigarette tomba sur sa chemise de nuit en soie gris argent.

« Mais Ji Cangxi a au moins vingt ans de plus que toi ! Pourquoi veux-tu épouser un vieillard ?

— Ah, je vois, tu souhaites te marier avec Ji Deming ! » Et Weina me fit une grimace.

« Nous ne nous voyons plus depuis longtemps.

— Mais cela ne veut pas dire que vous ne vous aimez plus. »

Quand je quittai Weina, la nuit tombait. J'allai au restaurant Bifengtang manger un bol de fromage de soja au crabe accompagné d'une demi-bouteille de vin blanc, puis je rentrai chez moi un peu éméchée. A la porte, à l'instant où je sortais ma clé, je découvris le parapluie à fleurs que j'avais oublié à l'imprimerie. Il y avait un message de la main de Ji Deming sur la porte : *Sans parapluie quand il pleut, on s'expose à en pâtir ! Il n'y a pas plus écervelée que toi, tu laisses tes affaires à droite et à gauche !*

Le retour de mon parapluie me donna le courage d'appeler Deming. Je posai le parapluie dans l'entrée et fis son numéro sans attendre : « Merci de m'avoir rapporté mon parapluie !

— Félicitations pour la maison que tu as reçue en héritage ! Maintenant que tu as un logement, te voilà une jeune femme riche, tu n'auras pas de peine à trouver un mari.

— Trêve de sottises ! Tu étais au courant pour ton père et Weina ?

— Oui. Tu te rends compte, mon père a vécu seul pendant des années, il a eu des tas d'aventures féminines, et la première fois qu'il envisage sérieusement de se remarier, c'est avec Huang Weina. Moi, pour être un bon fils, je dois l'aider. Nous deux, on peut dire que c'est fichu, tu ne voudrais pas voir ta meilleure amie devenir ta belle-mère, n'est-ce pas ?

— Qui t'a dit que j'étais prête à t'épouser ?

— Ah ! Quand on devient riche, on change d'avis. J'ai dû me tromper.

— Quand tu m'as rapporté mon parapluie, pourquoi ne m'as-tu pas attendue ?

— C'est que je suis en route pour l'aéroport. Je pars en mission au Sichuan pour quelques jours. A mon retour, je viendrai te voir, prépare-moi un repas de bienvenue dans ta riche résidence, un repas occidental en harmonie avec ta maison !

— Un repas occidental, rien que ça. Si je te sers un bol de nouilles aux œufs, ce sera déjà bien beau ! » Et j'ajoutai en riant : « Tu n'as pas oublié ta valise ?

— Camarade Zhao Xiao'e, ce que tu veux savoir, c'est si j'emporte les deux choses habituelles, n'est-ce pas ?

— Quel casse-pieds !

— Au revoir à mon retour ! J'arrive à l'aéroport. » Et il raccrocha.

Cinq jours plus tard, il revenait. Quand son avion atterrit à l'aéroport international de Harbin, j'étais sur la terrasse en train de contempler les nuages rouges du soir. Il m'annonça son arrivée par SMS en me demandant si le repas occidental était prêt. Je répondis du tac au tac : *La riche propriétaire t'attend avec une soupe de bœuf aux tomates.*

Il ne l'a jamais mangée. Après l'envoi de son message, à l'instant où il s'engageait sur la passerelle, il s'effondra pour ne plus se relever, victime d'un infarctus. D'abord sa valise tourna lentement en compagnie d'une foule d'autres sur le tapis à bagages. Puis quand chaque voyageur eut récupéré son bien, elle se retrouva finalement seule, comme une oie sauvage perdue loin de ses compagnes, et continua à tourner, solitaire, sur le tapis noir.

Cet homme qui m'avait apporté cauchemars et joie était parti brusquement. Je n'assistai pas à ses obsèques car il détestait voir une femme pleurer et je n'aurais pas pu retenir mes larmes. Je téléphonai à son père pour l'avertir que Deming emportait toujours son vêtement funéraire dans sa valise. Je lui demandai de l'en revêtir avant la crémation.

Deming mort, le monde devint noir d'un seul coup. Quand je marchais dans une rue, j'avais l'impression d'enfoncer les pieds dans la boue, j'avançais avec peine ; je n'avalai rien trois jours de suite sans ressentir la faim ; par les nuits fraîches, j'étais pourtant brûlante, mais sous le soleil éclatant de midi, je grelottais de froid. Mon cerveau avait de longues absences et je ne dormais pas de la nuit. J'oubliais une foule de choses, mais une seule restait gravée dans mon esprit : Deming m'avait dit que s'il me demandait en mariage, nous irions à la vieille synagogue. Un jour, je mis la jupe à fleurs rouges, achetée avec l'argent de mon père, avec une jolie veste noire, je fichai une rose rouge dans la pochette de la veste et je me rendis seule à la synagogue.

La synagogue avait une allure de ferme à la campagne. Simple et accueillante, elle offrait une chaleur surannée. J'expliquai à la réceptionniste derrière son comptoir que je venais voir quelqu'un qui logeait ici et qui m'avait fixé rendez-vous. Il n'allait pas tarder à descendre. La jeune fille à queue de cheval me crut. Elle me dit d'attendre dans le petit salon du rez-de-chaussée, au bout du couloir.

Le salon étroit tout en longueur avait la forme d'une banane, il était sobre et réconfortant. Sur les murs défraîchis étaient accrochées de vieilles photos. Les lampes en parchemin du couloir projetaient une lumière jaunâtre. Je m'assis à une petite table carrée avec deux chaises face à face et je passai doucement la main sur la nappe à carreaux bleus et blancs. Je déclarai à la chaise qui me faisait face : « Ji Deming, j'accepte de devenir ta femme, demande-moi en mariage ! » Mais la chaise était vide, il n'y avait personne, pas un mot. Juste, sur un vieux fauteuil voisin, deux chatons, un jaune et un noir, pelotonnés l'un contre l'autre, qui ronronnaient. Finalement, incapable de me contrôler, j'éclatai en cris hystériques.

A cet instant, je devins folle. C'est si facile de sombrer dans la folie !

Je suis sortie de l'hôpital psychiatrique au Nouvel An. Je n'avais aucune idée de la façon dont la ville avait passé l'automne et était arrivée à l'hiver. Je ne voulais voir personne, ni parents ni amis, ni avoir de leurs nouvelles. Le psychiatre devait me revoir en consultation chaque semaine. Il m'a suggéré d'écrire mon histoire en disant que cela m'aiderait à retrouver la santé.

J'habite la maison que Léna m'a laissée, assaillie par les vagues de froid successives qui fondent sur la ville. J'observe les fleurs de givre qui se forment la nuit sur les vitres, je prends mon stylo et je commence à rassembler mes souvenirs. Je ne suis plus correctrice, et pour la première fois, je goûte la beauté des caractères, je ne me trompe plus en écrivant. Si je mets de l'ordre dans mes souvenirs, d'après le médecin, mon esprit retrouvera son fonctionnement normal. Mais je redoute tellement la normalité qui pourrait faire que la douleur que j'ai connue resurgisse. Comme je voudrais devenir oiseau, nicher dans la pendule que Léna m'a léguée et tenir compagnie au temps révolu !

Je ne veux pas entendre la voix du temps, car pour moi le temps est une rivière à sec où plus rien ne coule.

POSTFACE

Chi Zijian (prononcer Tcheu Tzeukienne) est une fille du Grand Nord. Entendez, le Grand Nord de la Chine, c'est-à-dire l'extrême Nord du Heilongjiang, dans l'ancienne Mandchourie, mitoyenne de la Sibérie. Elle a grandi à Mohe, sur la rive droite du Songari, plus connu sous le nom de fleuve Amour, frontière entre la Chine et la Russie. Son pays d'enfance l'a profondément marquée, avec ses interminables hivers de neige et de glace et ses étés brefs et exubérants où les plantes se hâtent de fructifier avant le premier gel qui les tuera. Elle a décrit cette enfance, et l'on y voit que l'être humain, comme les espèces végétales et animales, sait survivre aux pires hivers, avec une simplicité pleine de verve dans *Enfance au village du Grand Nord*[1]. C'est d'ailleurs le succès de ce récit qui l'a propulsée, du statut toujours un peu condescendant d'écrivain régionaliste, à celui d'écrivain reconnu à l'échelon national.

Bonsoir, la rose (Wan'an meigui), paru en 2013, se présente comme un récit à la première personne dont

---

1. In *Toutes les nuits du monde,* Editions Philippe Picquier, 2013.

la narratrice et principale protagoniste, Xiao'e, vit dans un Harbin contemporain, chef-lieu de la province, avec ses tours, ses embouteillages, sa pollution, et même un supermarché Carrefour, mais aussi son célèbre parc de sculptures sur glace en plein hiver. Dans ce récit fait sur un ton vif, primesautier, Xiao'e passe parfois au second plan, cédant la place à Léna, vieille dame juive russe réfugiée en Mandchourie après la révolution d'Octobre. Nous découvrons avec elle le Harbin du siècle dernier, refuge des Juifs exilés, puis occupé par les Japonais avant et pendant la Deuxième Guerre mondiale.

Pourtant, avec Chi Zijian, la campagne n'est jamais loin. Un retour en arrière sur l'enfance nous plonge dans la vie d'un village et le drame de la narratrice, née d'un viol, en butte à la haine du mari de sa mère, puis souffre-douleur d'une belle-mère acariâtre, qui doit faire son chemin seule dans la grande ville.

L'auteur garde de son enfance à la campagne, bercée par les contes et légendes entendues pendant les longues veillées d'hiver, comme un talisman qu'elle porte sur elle en chaque phrase, un questionnement sur l'existence des « esprits » : « Là-bas, dit-elle, la vie existe sous deux formes distinctes, l'une lorsqu'on est vivant, et l'autre après la mort par les apparitions fréquentes dans les rêves des vivants et dans une vie simple… Les vivants vivent le jour, tandis que les morts reposent en paix ; la nuit, les vivants sont dans une fausse mort, tandis que les morts revivent, palpitants de vie. »

Pour cette raison, Chi Zijian attache une grande importance aux rêves, aux fantômes, au point que Xiao'e se demande si elle n'est pas fille d'un fantôme.

Enfin, pourquoi *Bonsoir, la rose* (qui aurait pu être traduit aussi par « Bien l'bonsoir, la rose » pour rendre compte de la familiarité de l'apostrophe et de l'espièglerie du texte) ? C'est Weina, collègue désabusée de Xiao'e, qui donne la clé du titre, quand elle dit : « La femme est une rose, l'homme est l'abeille. Quand il a fini de butiner son pollen, qu'elle n'a plus d'attraits pour lui, il s'envole vers une autre rose. »

YVONNE ANDRÉ
Marcilly-le-Châtel, le 8 décembre 2014.

Achevé d'imprimer
sur les presses
de l'imprimerie
Novoprint - Slovaquie

Dépôt légal : mai 2015